गोपाल सिंह नेपाली

गोपाल सिंह नेपाली का जन्म 11 अगस्त, 1911 को बेतिया (बिहार) में हुआ। प्रवेशिका तक शिक्षा।

उनकी प्रमुख कृतियाँ हैं—'उमंग' (1934), 'पंछी' (1934), 'रागिनी' (1935), 'नीलिमा' (1939), 'पंचमी' (1942), 'नवीन' (1944), 'हिमालय ने पुकारा' (1963), 'असंकलित रचनाएँ' (2007)।

'सुधा' (1933), 'चित्रपट' (1934), रतलाम टाइम्स', 'पुण्यभूमि' (1935-1937), 'योगी' (1937-1939) के सम्पादन से जुड़े रहे। बेतिया राज प्रेस (1940-1944) के व्यवस्थापक भी रहे। फिल्मों के लिए गीत लिखे। फिल्म-निर्माण और निर्देशन क्षेत्र में भी सक्रिय रहे।

हिमालय ने पुकारा

गोपाल सिंह नेपाली

राजकमल पेपरबैक्स

पहला संस्करण 1963 में प्रकाशित

राजकमल पेपरबैक्स में
पहला संस्करण : 2025

राजकमल पेपरबैक्स : उत्कृष्ट साहित्य के जनसुलभ संस्करण

राजकमल प्रकाशन प्रा. लि.
1-बी, नेताजी सुभाष मार्ग, दरियागंज
नई दिल्ली-110 002

शाखाएँ : अशोक राजपथ, साइंस कॉलेज के सामने, पटना-800 006
पहली मंजिल, दरबारी बिल्डिंग, महात्मा गांधी मार्ग, प्रयागराज-211 001
1, अनमोल सोराबजी सन्तुक लेन, धोबी तलाव, मरीन लाइंस, मुम्बई-400 002

वेबसाइट : www.rajkamalprakashan.com
ई-मेल : info@rajkamalprakashan.com

विकास कम्प्यूटर एंड प्रिंटर्स
ट्रॉनिका सिटी-201 102
द्वारा मुद्रित

मूल्य : ₹250

HIMALAYA NE PUKARA
Poetry by Gopal Singh Nepali

ISBN : 978-93-6086-171-1

यह राष्ट्रीय काव्य-संकलन
उस भारतीय को समर्पित है
जो
कलिंग की रणभूमि में सम्राट अशोक की
फेंकी हुई तलवार उठा ले
और
राम-कृष्ण-पाँच पांडव-चाणक्य-चन्द्रगुप्त-पृथ्वीराज चौहान-
राणा प्रताप-शिवाजी-गुरु गोविन्द सिंह-लक्ष्मीबाई-ताँत्या तोपे-
कुँअर सिंह-गांधी-तिलक-मोतीलाल-भगत सिंह-चन्द्रशेखर आजाद आदि के
इस अमर राष्ट्र को
अहिंसा की दलदल के निकालकर
छत्रपति शिवाजी के घोड़े पर बिठा दे
फिर जो हमारे देश को लूटने आए
वहीं, बेपनाह लूटा जाये

गोपाल सिंह नेपाली

26 जनवरी, 1963

—गोपाल सिंह नेपाली

पुस्तक के सम्बन्ध में दो शब्द

श्री गोपाल सिंह नेपाली, जिनके नाम के साथ स्वर्गीय शब्द जोड़ने में हृदय आज भी फटने लगता है, हमारे रससिद्ध कवि और जनता के हृदय-हार थे। उनकी भाषा सरल और सुबोध होती थी। उनकी शैली मार्मिक थी तथा उनके भावप्राण प्रेरक होते थे। उन्होंने जो कुछ भी लिखा, वह सब-का-सब रक्षणीय है।

'हिमालय ने पुकारा' उनकी नवीनतम कविताओं का संग्रह है। इन कविताओं की एक बहुत बड़ी विशेषता यह है कि जनता के बीच सही कविताओं का गान करते-करते नेपाली जी 17 अप्रैल को भागलपुर में शहीद हुए। पिछले साल 10 अप्रैल को मुझसे उनकी मुलाकात सैदपुर गाँव में हुई थी। उन दिनों वे अपने को राष्ट्र-रक्षा के कार्य पर नियुक्त समझते थे। मुझसे उन्होंने कहा था, "'दिनकरजी' आई एम ए वन मैन आर्मी ऑफ इंडिया।"

नेपाली जी चले गए, किन्तु उनकी सेना मौजूद है। यह सेना उनकी कविताओं की सेना है।

आशा है, कविता के प्रेमी और राष्ट्र से प्रेम करनेवाले लोग कविवर नेपाली द्वारा विरचित सेना को अधिक-से-अधिक प्रोत्साहन और प्रेम देते रहेंगे।

—रामधारी सिंह 'दिनकर'

भागलपुर,
15.3.64

बढ़ती चले कतार देश की पुकार पर

कुचली गई स्वतंत्रता कि फनफना उठो
अपमान देश का हुआ कि झनझना उठो
हमला अगर कहीं हुआ कि सनसना उठो
दुश्मन बढ़े कि आर-पार दनदना उठो
संसार भी अगर कहीं मुकाबला करे
तुम सामना करो समर्थ, सामना करो...तुम सामना करो

एक छोटी-सी कहानी सुनाऊँ मैं आपको। कुछ साल पहले की सच्ची घटना है। एक संन्यासी स्वामी जी अमेरिका में कुछ साल तक जमकर वेद-वेदान्त का प्रचार करने के बाद गर्व से गद्गद होकर भारत लौट रहे थे। रास्ते में एकाध दिन के लिए लंदन में ठहर गए। जिसके यहाँ स्वामी जी ठहरे थे, वह कोई बड़ा भारी अंग्रेज था। नाम सर विलियम रांथिन्स्टीन या ऐसा ही कुछ था। सर विलियम साहित्य, दर्शन और इतिहास का विद्वान था और हिन्दुस्तान की जानकारी उनकी विशेषता थी।

जब स्वामी जी के योगाभ्यास का समय हुआ तो स्वामी जी सर विलियम से बोले—"क्षमा कीजिए, जरा मैं थोड़ी देर योग-साधना कर लूँ। समय हो गया है।" सर विलियम को क्या आपत्ति हो सकती थी? मुस्कुराकर सहमति प्रकट की और वहीं बैठा स्वामी जी को टुकुर-टुकुर देखता रहा। स्वामी जी ने शिवशंकर वाला आसन जमाया और आँखें मूँदकर लगे अखिल ब्रह्मांड की 'इनक्वायरी' करने। सर विलियम स्वामी जी

की रौब गाँठने वाली मुद्रा को कुछ देर कौतूहल से देखता रहा। पर जब नहीं रहा गया तो बड़े जोरों से ठहाका मारकर हँस पड़ा। स्वामी जी ने मारे गुस्से के आँखें खोल दीं तो सर विलियम विनम्रतापूर्वक बोले—"मुझे खेद है स्वामी जी कि मैंने आपकी साधना में विघ्न डाला। पर बात यह है कि आपको पालथी मारे हुए इस मुद्रा में बैठे देखकर मेरा दिमाग इतिहास के पृष्ठों में कहीं-का-कहीं पहुँच गया। मुझे ऐसा लगा कि आज से सदियों पहले जिस समय हम अंग्रेज एक-एक करके आपके हिन्दुस्तान के सारे गाँव-शहर और जिले पर कब्जा करते जा रहे थे, उस समय सारा हिन्दुस्तान इसी मुद्रा में बैठा हुआ था।"

"स्वामी जी को यह कठोर सत्य ब्रह्मज्ञान की पिस्तौल से छूटी हुई गरम-गरम गोली सा लगा। उन्होंने फिर आँखें मूँद लीं और अपने योगाभ्यास की आड़ में वह सर विलियम के मार्मिक कटाक्ष को छक-छक कर पीते रहे और यही सोचते रहे कि मैं तो सिखा आया सारे अमेरिका को, मगर इस अंग्रेज के बच्चे ने मुझे ही सिखा दिया।"

यहाँ ऐतिहासिक मुद्रा थी उस दिन हमारे प्यारे हिन्दुस्तान की, लालची 'लाल चीन' ने धोखा देकर हमारे देश पर हमला किया। अहिंसा की 'इमिटेशन' चाँदनी घास-पातों मनुष्यों-अहलों पहाड़ों पर छिटक रही थी, पंचशील की ठंडी हवा जुआरी की तरह गली-कूचों में रूमती-झूमती चल रही थी और तटस्थता के आरामदेह तट पर लंगर डाले, पतवार फेंककर हजारों छोटे-बड़े माँझी-मल्लाह आरामकुर्सियों पर चैन की अँगड़ाई और सन्तोष की जम्हाई ले रहे थे।

मगर वाह रे इतिहास! इतिहास भी कोई चीज है। तुम सोये-जगे, ऐय्याशी की या तपस्या, वह पट्ठा अपना काम करता रहता है। यही कारण है कि कभी शान्ति में अचानक क्रान्ति हो जाती है और कभी संघर्ष होते-होते क्रान्तियाँ सिगरेट की धुएँ की तरह उड़ जाती हैं। पहाड़ उड़ जाते हैं और उनकी जगह छोटी-छोटी चींटियाँ भी हाथियों की साइज की हो जाती हैं।

हाँ तो, उस दिन अचानक एशिया में धमाका हुआ और सारे संसार में खलबली मच गई। हम हिन्दुस्तानी लोग स्थिति को अभी समझें-समझें कि दुश्मन नेफा में घुस आए और एक-ब-एक उसने ऐसी सीटी मारी कि लड़ाई बन्द हो गई। चीनी लुटेरे जैसे आए थे, वैसे ही चले भी गए और सारे हिन्दुतान को कुछ सोचने-समझने सुधरने को मजबूर कर गए।

गिरिराज हिमालय से भारत का, कुछ ऐसा ही नाता है
चालीस करोड़ों का जत्था गिर-गिरकर भी उठ जाता है।

तो अब जो चोट लगी है उसे समझिए, आगे का उपाय। सोचिए और जो भूल हुई उसे सुधारना अनिवार्य हो गया है सुधारिए। अनुचित आलोचना मत कीजिए। उसके लिए यह समय नहीं है, और फायदा भी कुछ नहीं है। नहीं तो हमारे आत्मसम्मान पर जो चोट लगी है, उसके दर्द को अग्नि-परीक्षा का विस्फोट बना देने के लिए नेपाली की आजाद कलम का एक ही दर्दीला गीत काफी था। चोट खाई हुई कलम स्याही की बूँदों में ज्वालामुखी भर सकती है। पर अभी तो हमारी धरती की लूट जारी है, शैतान से इनसान की लड़ाई जारी है और जारी है चीनी चोर का हँसना, मुस्कुराना, धोखा देना, लूटना, छीनना, हड़पना और फिर वही झूठे प्यार की बातें करना। यह भोली-भाली, रसीली चाल द्वारा नींद की गोलियाँ खिलाने की कला है दुश्मन के पास। किसी मामूली दुश्मन से पाला नहीं पड़ा है आपको। हमारे इतने बड़े और पुराने प्रजातंत्र को पूरी तरह उल्लू बनाने पर तुला हुआ है यह चीनी दुश्मन। और, दिल्लगी यह है कि बना भी रहा है।

और आप क्या कर रहे हैं? कुछ भी कीजिए, देर मत कीजिए, संगठित होकर सामना कीजिए और अब कुछ दिन तक उस अहिंसा का नाम मत लीजिए, जो हजारों वर्षों तक हमारे प्यारे भारतवर्ष को गुलाम बनवा चुकी है—बड़ी वजह है कि इस वीरभूमि से बुद्ध (मरने के बाद) और बौद्ध धर्म सदियों तक निष्कासित रहे। उस पंचशील की चर्चा मत कीजिए, जो भेड़िये

के सामने भेड़ों को लोरियाँ सुना-सुना कर सुलाती रहती हैं। उस तटस्थता का बेसुरा भजन, बिना जरूरत मिनट- मिनट पर, मत गाइये जो खाँस-खाँस कर 44 करोड़ लोगों की सुरक्षा के लिए सिर्फ 4 ही 'मिग प्लेन' जुटा सकती है।

अब तो दिल, दिमाग और विचारों को करवटें लेने दीजिए। इन्हीं अँगड़ाइयों में इतिहास अपने नये-नये पृष्ठ पलटेगा। इसलिए, आइए, आगे बढ़िए, क्योंकि हमें लुटी हुई लाज का कलंक मिटाना है, खोई हुई धरती वापस करनी है और सदा-सर्वदा फौलाद की रक्षा में अपना प्यारा तिरंगा उड़ाना है। अतः फेंके हुए पुराने लिफाफे पर जैसे पुरानी टिकट चिपकी रह जाती है, वैसे ही आप अपने पिचके हुए सिद्धान्तों से मत चिपके रहिए। दुनिया के सारे सिद्धान्त देश की स्वाधीनता के लिए हैं, स्वाधीनता सड़े-गले सिद्धान्तों के लिए नहीं है। सच पूछिए तो, स्वाधीनता ही वह मूल स्रोत है, जहाँ से सिद्धान्तों का झरना फूट निकलता है और बहता चला जाता है। लिहाजा, एक लक्ष्य सामने रखिए। यह राष्ट्र की आत्मरक्षा का सवाल है, देश के अभिमान का सवाल है, आजादी की उम्र का सवाल है और सवाल है आजाद हिन्दुस्तान की आजाद सन्तान का।

जो शिव का पुजारी है, शिवालय है उसी का,
जो हिन्द में जन्मा है हिमालय है उसी का।

इसलिए आपस की बैर-फूट, भेद-भाव, दलबन्दी और रबड़-छन्दी मनोवृत्ति छोड़िए। आप जगिए, देश को जगाइए। सरकार के हाथ मजबूत कीजिए। प्रजातंत्र के पाँव जमाइए। कलम-कुल्हाड़ी, हल, मशीन, मशीनगन, तीर, तोप, तलवार, बम बार सब कुछ चलाइए और तब तक चलाइए जब तक दुश्मन हमारी धरती से मार खाकर चला न जाए।

चार साल पहले से मैं देश को जगाता हुआ घूम रहा था, करोड़ों की भीड़ में गाता चला आ रहा था—

तलवार उठा लो तो बदल जाय नजारा,
चालीस करोड़ों को हिमालय ने पुकारा।

झूठी सुरक्षा की अफीम खाये हुए लोग सुना-अनसुना करते रहे। कुछ लोग और भी थे, जो राष्ट्र के पौरुष को जगा-जगाकर सुलाते चल रहे थे। नींद की गोलियाँ खिलाते हुए कह रहे थे—सो जा बेटा, सो जा। अभी कुछ हुआ ही नहीं। होगा भी तो युग का प्रहरी "पूरा जागरूक" है।

पर जब "कुछ" हो गया तो दुनिया कहने लगी—*नेपालीजी आपका कहा हुआ सच निकला।*

अस्तु, आज फिर मैं अपने प्यारे देशवासियों को चेतावनी देता हूँ कि कहीं दूसरी बार भी मेरा कहा हुआ सच न निकले। चलिए! हम अपनी मातृभूमि की हर हालत में हर तरह से, रक्षा करें।

लद्दाख चलो चीन जहाँ, घुसके अड़ा है
नेफा को चलो चोर जहाँ छुपके खड़ा है
हमने ही कभी चीनियों को बुद्ध दिया था
अब युद्ध दो, तलवार का जलवा तो दिखा लो
इन चीनी लुटेरों को हिमालय से निकालो।

—गोपाल सिंह नेपाली

बम्बई, गणतंत्र दिवस
26 जनवरी, 1963

क्रम

चालीस करोड़ों को हिमालय ने पुकारा 17
हिमालय और हम 20
इन चीनी लुटेरों को हिमालय से निकालो 24
भारतमाता की प्रभाती 31
है ताज हिमालय के सिर पर 35
तुम उसको गोली दो 38
यह मेरा हिन्दुस्तान है 41
मेरा देश बड़ा गर्वीला 44
नवीन कल्पना करो 47
भारत का कश्मीर है 51
अमर सेनानी गांधी 55
अभी कहाँ घर लौट चला 60
लाल चुनरिया रँग दे रे 64
हमारे कुछ पड़ोसी प्रजातंत्र 67
शासन चलता तलवार से 71
हिन्दी है भारत की बोली 74
बापू, तुम्हारी प्रार्थना 78
जवाहरलाल 80
एक देश, एक राष्ट्र, एक राष्ट्रभाषा 84
मेरा धन है स्वाधीन कलम 87
इतिहास बदलने वाले हैं 91
मनुष्य की समानता 93
मनुष्य तोड़ता चला 95

नजर है नई तो नजारे पुराने	97
चाँदनी में झोंपड़ी	101
नेपाल का झरना	104
चल रहा है आदमी	106
गंगा की धार, जवानी	109
मुस्कान पुरानी कहाँ हुई	113
परदेश जानेवाले से	116
पंछी बोले, पिंजड़ा खोलो	118
भारतमाता की पुकार	120
नई उमरिया प्यासी है	123
हिन्दुस्तान की ललकार	125
यहाँ शहीद समय का ज्ञानी	129
भारत अखंड, भारत विशाल	132
धरती और धुआँ	137
चलो भाई बोम डिला	142

चालीस करोड़ों को हिमालय ने पुकारा

शंकर की पुरी, चीन ने सेना को उतारा
चालीस करोड़ों को हिमालय ने पुकारा
हो जाय पराधीन नहीं गंग की धारा
गंगा के किनारों को शिवालय ने पुकारा

अम्बर के तले हिन्द की दीवार हिमालय
सदियों से रहा शान्ति की मीनार हिमालय
अब माँग रहा हिन्द से तलवार हिमालय
भारत की तरफ चीन ने है पाँव पसारा
चालीस करोड़ों को हिमालय ने पुकारा

हम भाई समझते जिसे दुनिया से उलझके
वह घेर रहा आज हमें बैरी समझके
चोरी भी करे और करे बात गरजके
बर्फों में पिघलने को चला लाल सितारा
चालीस करोड़ों को हिमालय ने पुकारा

धरती का मुकुट आज खड़ा डोल रहा है
इतिहास में अध्याय नया खोल रहा है
घायल है, अहिंसा का वजन तोल रहा है

धोखे से गया लूट भाई-भाई का नारा
चालीस करोड़ों को हिमालय ने पुकारा

है भूल हमारी वह छुरी क्यों न निकालें
तिब्बत को अगर चीन के करते न हवाले
पड़ते न हिमालय के शिखर चोर के पाले
समझा न सितारों ने घटाओं का इशारा
चालीस करोड़ों को हिमालय ने पुकारा

ओ बात के बलवान, अहिंसा के पुजारी
बातों की नहीं, आज तेरी आन की बारी
बैठा ही रहा तू तो गई लाज हमारी
खा जाय कहीं जंग न ये खड्ग दुधारा
चालीस करोड़ों को हिमालय ने पुकारा

जागो कि बचाना है तुम्हें मानसरोवर
रख ले न कोई छीन के कैलाश मनोहर
ले ले न हमारी यह अमरनाथ धरोहर
उजड़े न हिमाचल तो अचल भाग्य तुम्हारा
चालीस करोड़ों को हिमालय ने पुकारा

आजाद रहा देश तो फिर उम्र बड़ी है
मन्दिर भी है गिरजा भी है मस्जिद भी खड़ी है
संग्राम बिना जिन्दगी आँसू की लड़ी है
तलवार उठा लो तो बदल जाय नजारा
चालीस करोड़ों को हिमालय ने पुकारा

इतिहास पढ़ो समझो तो यह मिलती है शिक्षा
होती न अहिंसा से कभी देश की रक्षा
क्या लाज रही जबकि मिली प्राण की भिक्षा
यह हिन्द शहीदों का अमर देश है प्यारा
चालीस करोड़ों को हिमालय ने पुकारा

भूला है पड़ोसी तो उसे प्यार से कह दो
लम्पट है लुटेरा है तो ललकार से कह दो
जो मुँह से कहा है वही तलवार से कह दो
आए न कोई लूटने भारत को दुबारा
चालीस करोड़ों को हिमालय ने पुकारा

कह दो कि हिमालय तो क्या पत्थर भी न देंगे
लद्दाख की क्या बात है बंजर भी न देंगे
आसाम हमारा है रे मर कर भी न देंगे
है चीन का लद्दाख तो तिब्बत है हमारा
चालीस करोड़ों को हिमालय ने पुकारा

भारत से तुम्हें प्यार तो सेना को हटा लो
भूटान की सरहद पे बुरी दृष्टि न डालो
है लूटना सिक्किम को तो पेकिंग को सँभालो
आजाद है रहना तो करो घर में गुजारा
चालीस करोड़ों को हिमालय ने पुकारा

[अप्रैल, 1959]

हिमालय और हम

गिरिराज हिमालय से भारत का कुछ ऐसा ही नाता है
चालीस करोड़ों का जत्था गिर-गिरकर भी उठ जाता है

इतनी ऊँची इसकी चोटी कि सकल धरती का ताज यही
पर्वत-पहाड़ से भरी धरा पर केवल पर्वतराज यही
अम्बर में सिर, पाताल चरन
मन इसका गंगा का बचपन
तन वरन-वरन, मुख निरावरन
इसकी छाया में जो भी है, वह मस्तक नहीं झुकाता है
गिरिराज हिमालय से भारत का कुछ ऐसा ही नाता है

अरुणोदय की पहली लाली, इसको ही चूम निखर जाती
फिर संध्या की अन्तिम लाली, इस पर ही झूम बिखर जाती
इन शिखरों की माया ऐसी
जैसा प्रभात संध्या वैसी
अमरों को फिर चिन्ता कैसी
इस धरती का हर लाल खुशी से उदय-अस्त अपनाता है
गिरिराज हिमालय से भारत का, कुछ ऐसा ही नाता है

भारत का ऊँचा शीश यही, है उत्तर की दीवार यही
हम पहरेदार जगत-भर के, तो अपना पहरेदार यही
साथी है जन्म-मरन-दुख का
रखवारा लाखों के सुख का
मन का दानी, गूँगा मुख का
इसकी गोदी में जो रह ले, वह मन का दिया जलाता है
गिरिराज हिमालय से भारत का, कुछ ऐसा ही नाता है

हर संध्या को इसकी छाया, सागर-सी लम्बी होती है
हर सुबह वही फिर गंगा की, चादर-सी लम्बी होती है
इसकी छाया में रंग गहरा
है देश हरा, परदेश हरा
हर मौसम है, संदेश-भरा
इसका पद-तल छूनेवाला, वेदों की गाथा गाता है
गिरिराज हिमालय से भारत का, कुछ ऐसा ही नाता है

जैसा यह अटल, अडिग-अविचल, वैसे ही हैं भारतवासी
है अमर हिमालय धरती पर, तो भारतवासी अविनाशी
कोई क्या हमको ललकारे
हम कभी न हिंसा से हारे
दुख देकर हमको क्या मारे
गंगा का जल जो भी पी ले, वह दुख में भी मुस्काता है
गिरिराज हिमालय से भारत का, कुछ ऐसा ही नाता है

टकराते हैं इससे बादल, तो खुद पानी हो जाते हैं
तूफान चले आते हैं तो, ठोकर खाकर सो जाते हैं
जब-जब जनता को विपदा दी
तब-तब निकले लाखों गांधी
तलवारों-सी टूटी आँधी
इसकी परछाईं में तूफान, चिरागों से शरमाता है
गिरिराज हिमालय से भारत का, कुछ ऐसा ही नाता है

हम कभी हिमालय को भूले, तो दीन हुए, परतंत्र हुए
फिर पुण्य जगा बलिदानों का, तो आगे बढ़े, स्वतंत्र हुए
जागे, बंधन में पड़े हुए
तो फिर रण को उठ खड़े हुए
हम सदा पतन में बड़े हुए
दिन एक गुलामी का मन में, सदियों की पीर जगाता है
गिरिराज हिमालय से भारत का, कुछ ऐसा ही नाता है

लुट गई राजधानी दिल्ली, तो गाँव-नगर स्वाधीन रहे
जब गाँव-नगर भी लुटे, स्वप्न आजादी के रंगीन रहे
जब घर का दीपक बुझा दिया
मन में, नयनों में जला किया
दीपक से दीपक जला लिया
धन-धाम छीनकर भी कोई, मन का धन लूट न पाता है
गिरिराज हिमालय से भारत का, कुछ ऐसा ही नाता है

हर तख्त पलटता चला गया, हर ताज फिसलता चला गया
पर सदा हिमालय के अंचल में, राही चलता चला गया
ऋतु रंग बदलती चली गई
हर पूनम ढलती चली गई
हर अर्थी जलती चली गई
पर खड़ा हिमालय देख रहा, यह देश नहीं मुरझाता है
गिरिराज हिमालय से भारत का, कुछ ऐसा ही नाता है

छा रही घटा अन्यायों की, पानी बनकर बह जाएगी
आकाश चूमती हुई यहाँ, हिम की चोटी रह जाएगी
रह जाएँगे कैलाश-शृंग
यह मानसरोवर और गंग
शंकर का भारत संग-संग
हम कहीं रहें गौरीशंकर, भारत की ध्वजा उड़ाता है
गिरिराज हिमालय से भारत का, कुछ ऐसा ही नाता है

जीवन में जब भी गिरा, मुझे तो आया याद हिमालय है
इस सुमिरन ने टूटे मन का, झिलमिल कर दिया शिवालय है
पथ हाथ पकड़कर दिखा दिया
मंजिल तक दीपक जला दिया
गिरने पर मुझको उठा लिया
जिसकी आँखों में हिमगिरि है, वह सर पर गगन उठाता है
गिरिराज हिमालय से भारत का, कुछ ऐसा ही नाता है

[जनवरी, 1958]

इन चीनी लुटेरों को हिमालय से निकालो

भारत के जवानो
भारत के जवानो
भारत से तुम्हें प्यार तो बन्दूक उठा लो
इन चीनी लुटेरों को हिमालय से निकालो
भारत के जवानो
भारत के जवानो

चोरों की तरह तोड़ के ईमान के घेरे
इस पार चले आ रहे बेशर्म लुटेरे
ये शर्म न जाने जी दया-धर्म न माने
तोपों से इन्हें मार के उस पार हटा लो
इन चीनी लुटेरों को हिमालय से निकालो

तिब्बत का लहू चूस के इस ओर चले हैं
धर आदमी का भेष, आदमखोर चले हैं
इनसान कहाते हैं मगर खून बहाते
तुम इनका गरम खून बहा करके नहा लो
इन चीनी लुटेरों को हिमालय से निकालो

बनता था 'कम्युनिज्म' अनाचार का दुश्मन
मालूम हुआ आज, यही प्यार का दुश्मन
जो प्यार का दुश्मन, वही संसार का दुश्मन
ये तुमको मिटाते हैं, इन्हें तुम भी मिटा लो
इन चीनी लुटेरों को हिमालय से निकालो

आँधी में उड़ा, खून-सना लाल सितारा
कहता है चीनी चोर हिमालय है हमारा
ये लूटने आए हैं जवाहर का तिरंगा
तुम 'लाल सितारे' पे 'तिरंगे' को उड़ा लो
इन चीनी लुटेरों को हिमालय से निकालो

लालच न किसी का हमें झगड़ा न किसी से
पर चोर को घर लूटने देंगे न खुशी से
यह देश हमारा है हमें जान से प्यारा
हमला जो करे इसपे उसे मार ही डालो
इन चीनी लुटेरों को हिमालय से निकालो

आजाद अमर हिन्द का है ताज हिमालय
देखें तो कौन छीनता है आज हिमालय
जो ताज पहनना है तो भारत के जवानो
तुम चीन की तलवार से तलवार बजा लो
इन चीनी लुटेरों को हिमालय से निकालो

जो शिव का पुजारी है शिवालय है उसी का
जो हिन्द में जन्मा है हिमालय है उसी का
लद्दाख उसी का है रे नेफा है उसी का
भारत में लिया जन्म तो लद्दाख बचा लो
इन चीनी लुटेरों को हिमालय से निकालो

यह घर प्रताप का है, शिवाजी का वतन है
गुलशन है भगतसिंह का, गांधी का चमन है
'आजाद' की गलियों में घुसा कौन लुटेरा
जिन्दा ही पकड़ के उसे तुम दास बना लो
इन चीनी लुटेरों को हिमालय से निकालो

चोटी हो पहाड़ों की या बर्फों की जवानी
जंगल हो, रेगिस्तान हो, या पानी ही पानी
हम देश का एक इंच भी दुश्मन को न देंगे
दुश्मन पे चढ़ा खून तो संगीन चढ़ा लो
इन चीनी लुटेरों को हिमालय से निकालो

कहते हैं हिमालय जिसे दिल्ली का किला है
भारत को जन्मभूमि की झोली में मिला है
आजाद हिमालय बिना दिल्ली न रहेगी
तुम लाल किला और हिमालय को मिला लो
इन चीनी लुटेरों को हिमालय से निकालो

दुश्मन है कहाँ कौन कहाँ दोस्त परख लो
कुछ दिन को अहिंसा का धरम जेब में रख लो
लातों के पुजारी कभी बातों से न मानें
जो न्याय न माने उसे तुम रण में मना लो
इन चीनी लुटेरों को हिमालय से निकालो

लद्दाख चलो, चीन जहाँ घुसके खड़ा है
नेफा को चलो, चोर जहाँ छुपके खड़ा है
हमने ही कभी चीनियों को बुद्ध दिया था
अब युद्ध दो, तलवार का जलवा तो दिखा लो
इन चीनी लुटेरों को हिमालय से निकालो

बढ़ते ही चलो, खून की स्याही की कसम है
सीने पे गोली खाये सिपाही की कसम है
ईश्वर की कसम है जी इलाही की कसम है
पंजे से लुटेरों के, पहाड़ों को छुड़ा लो
इन चीनी लुटेरों को हिमालय से निकालो

हिन्दू के अगर साथ मुसलमान न होगा
फिर साथ मुसलमान के क्रिस्तान न होगा
संसार में आजाद हिन्दुस्तान न होगा
हर धर्म के इनसान को सीने से लगा लो
इन चीनी लुटेरों को हिमालय से निकालो

मन्दिर से चलो थाम के बन्दूक पुजारी
मस्जिद से चलो साथ ले तलवार दुधारी
रजपूत चलो, सिक्ख चलो, जाट चलो रे
घर जिसने जलाया है चिता उसकी जला लो
इन चीनी लुटेरों को हिमालय से निकालो

ओ भाई, तुम्हें 'ताजमहल' देख रहा है
संसार सकल घर से निकल देख रहा है
इतिहास की नजरें हैं हवलदार तुम्हीं पर
भारत के शहीदों में नया नाम लिखा लो
इन चीनी लुटेरों को हिमालय से निकालो

जो धन की जरूरत है तो अम्बार लगा दो
फौजों के लिए सैकड़ों बम्बार मँगा दो
दुश्मन के गरम खून से धरती को रँगा दो
इस पर भी न हो जीत तो तुम शीश कटा लो
इन चीनी लुटेरों को हिमालय से निकालो

आजादी अभी पाई है खोने के नहीं हैं
इतिहास में फिर दास हम होने के नहीं हैं
जब तक न हटे चीन हम सोने के नहीं हैं
गांधी की कसम है कहीं पलकें न झुका लो
इन चीनी लुटेरों को हिमालय से निकालो

हम शीश झुकायेंगे न फरियाद करेंगे
जो हमसे लड़ेगा उसे बर्बाद करेंगे
फिर साथ ही तिब्बत को भी आजाद करेंगे
मौका है यही देश की दीवार बढ़ा लो
इन चीनी लुटेरों को हिमालय से निकालो

आँगन में घुसा चोर है, दीवाल भी चुप है
अलमस्त पाकिस्तान है, नेपाल भी चुप है
यह आज हमारी है तो कल बारी तुम्हारी
ऐ दोस्त, अभी वक्त है, दुश्मन को भगा लो
इन चीनी लुटेरों को हिमालय से निकालो

ओ चीन जगह छोड़ जा, पेकिंग को उछल जा
दुनिया में कहीं और जा, भारत से निकल जा
कह दो कि किया वार तो अब तू भी सँभल जा
वह फेंक दे बम एक तो तुम बीस उछालो
इन चीनी लुटेरों को हिमालय से निकालो

आए जो हमें लूटने मुँह कर गए काला
'नादिर' को निकाला जी 'सेल्युकस' को निकाला
अंग्रेज बहादुर का भी निकाला जो दिवाला
सदियों से लुटेरों की कबर खोदनेवालो
इन चीनी लुटेरों को हिमालय से निकालो

संसार ने पूछा है कि हम किसकी तरफ हैं
भारत की मदद जो करे हम उसकी तरफ हैं
इतिहास भी है उसकी तरफ, जिसकी तरफ हैं
भारत में छिड़ी जंग है, दुनिया को बुला लो
इन चीनी लुटेरों को हिमालय से निकालो

भारत के जवानो
भारत के जवानो
भारत से तुम्हें प्यार तो बन्दूक उठा लो
इन चीनी लुटेरों को हिमालय से निकालो

[अक्टूबर, 1962]

भारतमाता की प्रभाती

भारत के प्यारो जागो, सोये सितारो जागो
बैरी दुआरे आए, तुम सिर उतारो जागो

तुम लाल सोते रह गए, शंकर भी सोते रह गए
घायल हिमालय रोया, तुम घाव धोते रह गए
इतना न सोना बेटो, बिस्तर कबर हो जाये
अपना हिमालय लुटके, कल को उधर हो जाये
अँगना की लाज है तो, घर के रखवारो जागो
माता से प्यार है तो, नंगी तलवारो जागो
बैरी दुआरे आए, तुम सिर उतारो जागो

ऐसे समय में सोना, झंडा झुकाना है रे
आजादी बेच करके, गंगा नहाना है रे
कायर है रण के क्षण में, वंशी बजानेवाला
उससे भी बढ़कर पापी, निंदिया बुलानेवाला
निंदिया का पर्दा खोलो, जलते अंगारो जागो
गाओ विजय के गाने, ओ गीतकारो जागो
बैरी दुआरे आए, तुम सिर उतारो जागो

सदियों से फिर-फिर आता, गुजरा जमाना है रे
कोई भी हमला करले, तू ही निशाना है रे
फिर वही मार खाना, मौके पर हार जाना
पिछला इतिहास तेरा, घर बैठ लूटा जाना
लूटों को याद करके, उजड़े दयारो जागो
चोटों को याद करके, बिगड़े सिंगारो जागो
बैरी दुआरे आए, तुम सिर उतारो जागो

सोचो कि हम पर हमला, हरदम होता ही क्यों है
हँसती है सारी दुनिया, भारत रोता ही क्यों है
रक्षक अहिंसा है तो, इज्जत मिटती ही क्यों है
दिल में मुहब्बत लेकर, दुनिया पिटती ही क्यों है
इनका हिसाब लेकर, ओ कर्णधारो जागो
दिल में जवाब लेकर, ओ जिम्मेदारो जागो
बैरी दुआरे आए, तुम सिर उतारो जागो

रण में अशोक ने जो, फेंकी तलवार थी रे
सदियों के पार से वह, तुझको पुकारती रे
बढ़के बलैयाँ ले ले, उसको उठा ले बेटे
मिटने से पहले-पहले, दुश्मन मिटा ले बेटे
आजादी प्यारी है तो, ओ जाँ-निसारो जागो
धरती तुम्हारी है तो, ओ पहरेदारो जागो
बैरी दुआरे आए, तुम सिर उतारो जागो

लंका में राम पहुँचे, तू घर में मार खाये
कागज की नाव लेकर, फिर कैसे पार जाये
कान्हा ने कंस मारा, बैरी का वंश मारा
पर तेरी कायरता ने, तुझको निर्वंश मारा
पुरखों की याद है तो, उनके अवतारो जागो
हाथों में गीता लेकर, पापी को मारो जागो
बैरी दुआरे आए, तुम सिर उतारो जागो

कैसा अलबेला था वह, बाँका शिवाजी मेरा
तोड़ा जुल्मों का घेरा, लूटा पापों का डेरा
बैठे अहिंसा की वह, माला न फेरता था
छोटी-सी टोली लेकर, लाखों को घेरता था
उसकी जो याद है तो, ओ यादगारो जागो
घोड़ों की टाप सुनके, ओ घुड़सवारो जागो
बैरी दुआरे आए, तुम सिर उतारो जागो

राणा प्रताप लौटे ना लक्ष्मीबाई लौटी
बस उनकी वीरता की, मीठी शहनाई लौटी
अब वह शहनाई तुमको घर से निकालती है
लड़ने को भेजती है, रण में उछालती है
यमुना की लहरो जागो, गंगा की धारो जागो
भारत की गोद लेकर, ऊँची दीवारो जागो
बैरी दुआरे आए, तुम सिर उतारो जागो

भारत आजाद करके, दे गए तुमको गांधी
तिब्बत के पार जाके, लौटा दो चीनी आँधी
रहने दो राजधानी, सीमा पर पहरा दो रे
बर्फों की चोटियों पर झंडा लहरा दो रे
झंडे के नीचे-नीचे महलो-मीनारो जागो
बदले की आग लेकर, जंगल-गुलजारो जागो
बैरी दुआरे आए, तुम सिर उतारो जागो

तेरे जिन्दा ही रहते, चोरों ने धरती लूटी
तेरी अमराइयों पर, दुश्मन की सेना टूटी
जिन-जिन सुहागिनियों के, प्रीतम न लौट आए
दीपक बुझाए बैठीं, वह दिल पर चोट खाये
उनका सुहाग दे दो, या फिर ललकारो जागो
जिसने सिन्दूर पोंछा, उसको संहारो जागो
बैरी दुआरे आए, तुम सिर उतारो जागो

[1962]

है ताज हिमालय के सिर पर

आजाद परिन्दों से कह दो, अब यहाँ विदेशी राज नहीं
है ताज हिमालय के सिर पर, अब और किसी का ताज नहीं

ताजों से मिली गुलामी के बन्धन को हमने काट दिया
राजाओं को छुट्टी दे दी, तख्तों को हमने बाँट दिया
अब एक ताज के बदले में लाखों सिर पर गांधी टोपी
चालीस कोटि युवराजों में, अब कोई भी बेताज नहीं
है ताज हिमालय के सिर पर, अब और किसी का ताज नहीं

जगमगा उठीं गंगा-जमुना, क्या लाल किला, क्या ताजमहल
कुटियों ने लड़कर राज लिया, आजाद हो गए राजमहल
महलों से लेकर कुटियों तक साम्राज्य यहाँ अपनेपन का
अपनी धरती, अपना अम्बर, कोई जालिम सरताज नहीं
है ताज हिमालय के सिर पर, अब और किसी का ताज नहीं

अब दिल्ली वह दरबार नहीं, यह परवानों की महफिल है
है नई शमा उम्मीदों की, आजाद एशिया का दिल है
इस दिल की धड़कन में धड़के लाखों अरमान करोड़ों के

राजा हो एक, प्रजा लाखों, अब ऐसा यहाँ रिवाज नहीं
है ताज हिमालय के सिर पर, अब और किसी का ताज नहीं

मेहमान लुटेरे थे जितने दिल्ली की गलियाँ छोड़ गए
आवाज लगाई हमने तो, काँटों में कलियाँ छोड़ गए
ये दुश्मन गए गरीबों के, रखवारे गए गरीबी के
आबाद गरीबी थी जिनसे, वे रहे गरीब-निवाज नहीं
है ताज हिमालय के सिर पर, अब और किसी का ताज नहीं

आजाद चमन से चुन-चुनकर, जो भाई दिल्ली आते हैं
दुखियों से प्यार जताते हैं, मिलकर सरकार चलाते हैं
है भारत के हर सुख-दुख में चालीस करोड़ों का हिस्सा
यह घर सबका है, थोड़े से लोगों के लिए स्वराज नहीं
है ताज हिमालय के सिर पर, अब और किसी का ताज नहीं

अब एक जगह एकत्र नहीं, धन-दौलत हो चाहे सत्ता
हैं साझीदार बहारों के, अब कली-कली, पत्ता-पत्ता
जो दिये जलेंगे महलों में, वे दिये जलेंगे कुटियों में
जो भेद चलाना चाहेगा, पूछेगा उन्हें समाज नहीं
है ताज हिमालय के सिर पर, अब और किसी का ताज नहीं

हम जिसे बनाना चाहेंगे, वह राजा होगा जनमन का
हर नई किरन के लिए खुला दरवाजा होगा आँगन का
अब किले-महल की दीवारें रोकेंगी राह न जनता की

आजाद न कर दे दुनिया को, तो भारत की आवाज नहीं
है ताज हिमालय के सिर पर, अब और किसी का ताज नहीं

हर सिंहासन का अधिकारी, अब अन्तिम दीपक जला गया
आवाज न आई, ताजों का चुपचाप जनाजा चला गया
रह गए यहाँ जो अब उनको आजादी की सौगन्ध यही
फौजों से भरे विदेशी अब लायेंगे यहाँ जहाज नहीं
है ताज हिमालय के सिर पर, अब और किसी का ताज नहीं

[जुलाई, 1958]

तुम उसको गोली दो

आज बाँह फड़की है, छाती भी धड़की है
गोद में हिमालय की, रण-बिजली कड़की है
भारत की सीमा पर, युद्ध-अग्नि भड़की है
विधवा की चूड़ी-सी, विश्व-शान्ति तड़की है
पर तेरी दुनिया में, पत्ती ना खड़की है
ओ भाई बतला तू, लड़का या लड़की है
मर्द है कि औरत है, जो आहें भरता है
पढ़ता है गीता पर, मरने से डरता है
दुश्मन घर में घुसके, धन-धरती हरता है
तू बैठा कुर्सी पर, बातें ही करता है
दम तो तू भरता है, पर पग ना धरता है
जीता है बिस्तर पर, बिस्तर पर मरता है
चर्चा तू करता है, साम्यवाद, हिंसा की
सर्वोदय, पंचायत, ट्रस्ट की, अहिंसा की
लुटती है आजादी, तुझको ना चिन्ता है
सोते में, जगते में, तू रुपये गिनता है
और उधर बैरी-दल, बढ़ता ही आता है
ऋण तुझ पर भारत का, चढ़ता ही जाता है

तेरा दल पर दल है, टोली पर टोली है
फिर्के पर फिर्का है, बोली पर बोली है
दुश्मन तेरे घर में, खेल रहा होली है
पर तेरे हाथों में, भिक्षुक की झोली है
हथियारों के बदले, फूलों की छड़ियाँ हैं
आज आत्मरक्षा में, मरने की घड़ियाँ हैं
भाषण की झड़ियाँ हैं, आँसू की लड़ियाँ हैं
और पास दुश्मन के, तेरी हथकड़ियाँ हैं
इसीलिए कहता हूँ, जागो, ओ दीवानो
दुश्मन को पहचानो, लड़ने का ढंग जानो
हारों को मत मानो, बढ़ जाओ परवानो
छाती पर दुश्मन की, चढ़ जाओ मस्तानो
मातृभूमि से तेरा, लोहू का नाता है
संकट की वेला में, छोड़ कहाँ जाता है
ऐसा पावन अवसर, फिर-फिर न आता है
हटता है जो रण से, जन्म वह गँवाता है
आजादी है तो फिर, स्वर्ग यही धरती है
जो रण से डरती है, जाति वही मरती है
लड़ने से राष्ट्रों की, आत्मा निखरती है
तलवारों के बल पर, जिन्दगी उभरती है
युद्धों से जीवन की, रागिनी सँवरती है
मर्द की हथेली पर, चाँदनी उतरती है
सुलझेगी बात नहीं, भूदानी झोली से
जुल्म यहाँ मिटता है, तोपों से, गोली से
दौड़ चलो नेफा को, देश जहाँ लुटता है

खून-सनी धरती पर, नाम जहाँ उठता है
तिब्बत की सीमा से, हिन्द यहीं मिलता है
रण में आजादी का फूल यहीं खिलता है
अब छोड़ो कायरता, लो केसरिया बाना
कायर का दुनिया में, क्या आना क्या जाना
यह तटस्थ निर्बलता, देश को लुटाती है
चोर को बुलाती है, मार फिर खिलाती है
आज चलो मरदानो, भारत की लाज रखो
लद्दाखी वीरों के, मस्तक पर ताज रखो
और मिटा दुश्मन की, टोली पर टोली दो
पानी भी माँगे तो, तुम उसको गोली दो

[नवम्बर, 1962]

यह मेरा हिन्दुस्तान है

दिल चुरा रही धरती है तो मुस्कुरा रहा आसमान है
यह मेरा हिन्दुस्तान है
हर गली गली में गुलशन है, रण में रण का मैदान है
यह मेरा हिन्दुस्तान है

हिन्दू मुस्लिम क्रिस्तान हैं
लेकिन पहले इनसान हैं
हैं सिक्ख यहीं पारसी यहीं
जो हैं मिल्लत की शान हैं
हैं रंग-रँगीले लोग, तिरंगा सबका एक निशान है
यह मेरा हिन्दुस्तान है

मस्जिद की छाँव नमाज है
मन्दिर की छाँव समाज है
अपना रिवाज अपना मिजाज
यह सबके लिए स्वराज है
है चाँद ईद का आँखों में, दिल में रोजा रमजान है
यह मेरा हिन्दुस्तान है

दुनिया में सब अच्छे धरम
सबको प्यारी अपनी शरम
कुछ और मगर, जिसकी खातिर
हिन्दुस्तानी लेता जनम
इनसान जनम लेता रोता, हँसकर होता बलिदान है
यह मेरा हिन्दुस्तान है

सुनहरी सुबह नेपाल की
रुपहरी शाम बंगाल की
कर दे फीका, रंग चुनरी का
दोपहरी नैनीताल की
क्या धरम-करम की बात जहाँ पत्थर में भी भगवान है
यह मेरा हिन्दुस्तान है

हैं धन्य यहाँ की नारियाँ
जौहर की ये चिनगारियाँ
जो करें शरम, आँखें पुरनम
पर फूँक चलें फुलवारियाँ
इस ओर दिये हैं आँचल में, उस ओर तना तूफान है
यह मेरा हिन्दुस्तान है

यह केसर-सी कलियाँ कहाँ
उलझी लट-सी गलियाँ कहाँ
तुम देश फिरो, परदेश फिरो
पर ऐसी रँगरलियाँ कहाँ
हैं होंठ पुराने भारत के, पर सदा नई मुस्कान है
यह मेरा हिन्दुस्तान है।

माँ कहते हिन्दू गाय को
भगवान समझते न्याय को
बलवान डरे, धनवान डरे
निर्बल दुखिया की हाय को
अरमान हिमालय-सा ऊँचा, दिल बच्चों-सा नादान है
यह मेरा हिन्दुस्तान है

फागुन रंगों का है यहीं
त्योहार दियों का है यहीं
क्या जवानियाँ क्या रवानियाँ
घर कहानियों का है यहीं
तूफान पिटे, इनसान मिटे, पर मिटा न हिन्दुस्तान है
यह मेरा हिन्दुस्तान है

हम उसी तरह आजाद हैं
जिस तरह सितारे-चाँद हैं
सर लाख कटे, हम नहीं हटे
इतिहासों को हम याद हैं
जापान देश जापानी का, ईरानी का ईरान है
यह मेरा हिन्दुस्तान है

[जून, 1957]

मेरा देश बड़ा गर्वीला

मेरा देश बड़ा गर्वीला, रीति-रस्म-ऋतु रंग-रँगीली
नीले नभ में बादल काले, हरियाली में सरसों पीली

यमुना-तीर घाट गंगा के, तीर्थ-तीर्थ में बाट छाँव की
सदियों से चल रहे अनूठे, ठाट गाँव के, हाट गाँव की
शहरों को गोदी में लेकर, चली गाँव की डगर नुकीली
मेरा देश बड़ा गर्वीला, रीति-रस्म-ऋतु रंग-रँगीली

खड़ी-खड़ी फुलवारी फूले, हार पिरोये बैठ गुजरिया
बरसाये जलधार बदरिया, भीगे जग की हरी चदरिया
तृण पर शबनम, तरु पर जुगनू, नीड़ रचायें तीली-तीली
मेरा देश बड़ा गर्वीला, रीति-रस्म-ऋतु रंग-रँगीली

घास-फूस की खड़ी झोंपड़ी लाज सँभाले जीवन-भर की
कुटियों में मिट्टी के दीपक, मन्दिर में प्रतिमा पत्थर की
जहाँ वास कंकड़ में हरि का, वहाँ नहीं चाँदी चमकीली
मेरा देश बड़ा गर्वीला, रीति-रस्म-ऋतु रंग-रँगीली

जो कमला के चरण पखारे, होता है वह कमल कीच में
तृण, तन्दुल, ताम्बूल, ताम्र, तिल, घी के दीपक बीच-बीच में
सीधी-सादी पूजा अपनी, भक्ति लजीली मूर्ति सजीली
मेरा देश बड़ा गर्वीला, रीति-रस्म-ऋतु रंग-रँगीली

बरस-बरस पर आती होली, रंगों का त्योहार अनूठा
चुनरी इधर, उधर पिचकारी, गाल-भाल पर कुमकुम फूटा
लाल-लाल बन जाते काले, गोरी सूरत पीली-नीली
मेरा देश बड़ा गर्वीला, रीति-रस्म-ऋतु रंग-रँगीली

दीवाली दीपों का मेला, झिलमिल महल, कुटी, गलियारे
भारत-भर में उतने दीपक, जितने जलते नभ में तारे
सारी रात पटाखे छोड़े, नटखट बालक, उमर हठीली
मेरा देश बड़ा गर्वीला, रीति-रस्म-ऋतु रंग-रँगीली

खँडहर में इतिहास सुरक्षित, नगर-नगर में नई रोशनी
आए-गए हुए परदेशी, यहाँ अभी भी वही चाँदनी
अपना बना हजम कर लेती, चाल यहाँ की ढीली-ढीली
मेरा देश बड़ा गर्वीला, रीति-रस्म-ऋतु रंग-रँगीली

मन में राम, बगल में गीता, घर-घर आदर रामायण का
किसी वंश का कोई मानव, अंश समझते नारायण का
ऐसे हैं भारत के वासी, गात गठीला, बात चुटीली
मेरा देश बड़ा गर्वीला, रीति-रस्म-ऋतु रंग-रँगीली

आन कठिन भारत की लेकिन, नर-नारी का सरल वेश है
देश और भी हैं दुनिया में, पर गांधी का यही देश है
जहाँ राम की जय जग बोला, बजी श्याम की वेणु सुरीली
मेरा देश बड़ा गर्वीला, रीति-रस्म-ऋतु रंग-रँगीली

लो गंगा-यमुना-सरस्वती, या लो मन्दिर-मस्जिद-गिरजा
ब्रह्मा-विष्णु-महेश भजो या, जीवन-मरन-मोक्ष की चर्चा
सबका यहीं त्रिवेणी-संगम, ज्ञान गहनतम, कला रसीली
मेरा देश बड़ा गर्वीला, रीति-रस्म-ऋतु रंग-रँगीली

[फरवरी, 1957]

नवीन कल्पना करो

निज राष्ट्र के शरीर के सिंगार के लिए
तुम कल्पना करो, नवीन कल्पना करो, तुम कल्पना करो

अब देश है स्वतंत्र, मेदिनी स्वतंत्र है
मधुमास है स्वतंत्र, चाँदनी स्वतंत्र है
हर दीप है स्वतंत्र, रोशनी स्वतंत्र है
अब शक्ति की ज्वलन्त दामिनी स्वतंत्र है
लेकर अनन्त शक्तियाँ सदा समृद्धि की-
तुम कामना करो, किशोर कामना करो, तुम कामना करो

तन की स्वतंत्रता चरित्र का निखार है
मन की स्वतंत्रता विचार की बहार है
घर की स्वतंत्रता समाज का सिंगार है
पर देश की स्वतंत्रता अमर पुकार है
टूटे कभी न तार यह अमर पुकार का-
तुम साधना करो, अनन्त साधना करो, तुम साधना करो

हम थे अभी-अभी गुलाम, यह न भूलना
करना पड़ा हमें सलाम, यह न भूलना
रोते फिरे उमर तमाम, यह न भूलना
था फूट का मिला इनाम, यह न भूलना
बीती गुलामियाँ न लौट आएँ फिर कभी-
तुम भावना भरो, स्वतंत्र भावना भरो, तुम भावना भरो

है देश एक, लक्ष्य एक, कर्म एक है
चालीस कोटि हैं शरीर, मर्म एक है
पूजा करो, पढ़ो नमाज, धर्म एक है
बदनाम हो अगर स्वराज, शर्म एक है
चाहो कि एकता बनी रहे जनम-जनम-
तुम भेद ना करो, मनुष्य भेद ना करो, तुम भेद ना करो

बगिया हरी-हरी, वसुन्धरा भरी-भरी
फिर क्यों रहे मनुष्य की दशा मरी-मरी
फैले कुटी-कुटी, महल-महल, तरी-तरी
घर में बिरादरी, समाज में बराबरी
ऐसा न हो कि कोटि-कोटि ही दुखी रहें-
तुम वेदना हरो, उदार वेदना हरो, तुम वेदना हरो

लेकर दरिद्रता स्वतंत्रता न चल सके
दीवार सामने खड़ी, दिया न जल सके
जो बचाई से समाजवाद तक उछल सके
इतिहास दीन देश का वही बदल सके

घर-घर बनी बहार मुस्कुराय वह घड़ी-
तुम प्रार्थना करो, सदैव प्रार्थना करो, तुम प्रार्थना करो

मुरझा रही कली-कली खिला दिया करो
बुझते हुए चिराग, झिलमिला दिया करो
जी लो मगर जहान को जिला दिया करो
तकदीर से गरीब को मिला दिया करो
सींचो धरा नहर-नहर लहर उछालकर-
तुम यातना हरो, असीम यातना हरो, तुम यातना हरो

बढ़ती चले कतार देश की पुकार पर
धुन छेड़ दो नई, समष्टि के सितार पर
पीछे किया करो सिंगार द्वार-द्वार पर
पहले जले दिया शहीद के मजार पर
वे देश पर चढ़ा गए शरीर फूल-सा-
तुम वन्दना करो, कृतज्ञ वन्दना करो, तुम वन्दना करो

ओ देश की जवानियो, चलो उठो-उठो
इतिहास की निशानियो, चलो उठो-उठो
ओ खून की रवानियो, चलो उठो-उठो
संघर्ष की कहानियो, चलो उठो-उठो
हम जनम लें स्वतंत्र ही, स्वतंत्र ही मरें-
तुम अर्चना करो; अमोघ अर्चना करो, तुम अर्चना करो

अधिकार लो, सदा न भीख माँगते रहो
संग्राम से जनम-जनम न भागते रहो
छाई घटा, चली हिलोर, जागते रहो
घर में घुसे कहीं न चोर जागते रहो
अपने महान देश के कुशल बचाव की-
तुम योजना करो, सशस्त्र योजना करो, तुम योजना करो

कुचली गई स्वतंत्रता कि फनफना उठो
अपमान देश का हुआ कि झनझना उठो
हमला अगर कहीं हुआ कि सनसना उठो
दुश्मन बढ़े कि आर-पार दनदना उठो
संसार भी अगर कहीं मुकाबला करे-
तुम सामना करो, समर्थ सामना करो, तुम सामना करो

[जुलाई, 1961]

भारत का कश्मीर है

सर झुका पड़ोसी विदेशियो सुन लो
आजाद सिवाना भारत का कश्मीर है
रावी-तावी का तट हमको प्यारा
उतना जितना गंगा-यमुना का तीर है
था और नहीं छुटकारा रे
हमने माना बँटवारा रे
रह गए हमारे हिस्से में
मन्दिर-मस्जिद-गुरुद्वारा रे
तुम लड़े मगर कश्मीर मिला हमसे
जैसी नीयत होती वैसी तकदीर है
सर झुका पड़ोसी, विदेशियो सुन लो
आजाद सिवाना भारत का कश्मीर है
पहले घर-घर बरबाद किये
अब घूम रहे फरियाद लिये
किस मुँह से रोते जाते हो
खुद झगड़े की बुनियाद लिये
तुम रोज हवाला जिसका देते हो
वह कब न पुरानी टूट चुकी जंजीर है
सर झुका पड़ोसी, विदेशियो सुन लो
आजाद सिवाना भारत का कश्मीर है

पूरा न हुआ मनसूबा है
दिल तेरा डूबा-डूबा है
पर इतनी-सी तो बात रही
कश्मीर हिन्द का सूबा है
अब चाहे दस घंटे बोले जाओ
दुनिया समझेगी पागल की तकरीर है
सर झुका पड़ोसी, विदेशियो सुन लो
आजाद सिवाना भारत का कश्मीर है

यह हिन्द माँद है शेरों की
तुर्बत है यहीं लुटेरों की
लड़ते हो लड़ो, लड़ाई को
मत समझो मगर बटेरों की
तुम भूल रहे मतलब की आँधी में
घर की रक्षा को तिनका भी शहतीर है
सर झुका पड़ोसी, विदेशियो सुन लो
आजाद सिवाना भारत का कश्मीर है

थे लूट मचाकर भाग रहे
अब हार गए तो जाग रहे
अपने घर सपना है चुनाव
औरों का जनमत माँग रहे
उसका जनमत अब और कहाँ लोगे
जो पत्थर पर किस्मत की खुदी लकीर है
सर झुका पड़ोसी, विदेशियो सुन लो
आजाद सिवाना भारत का कश्मीर है

लो जनमत पाकिस्तानी से
वह क्यों है दूर रवानी से
पूछो कि उसे क्या लेना है
औरों के दाना-पानी से
कश्मीर भुला दो, घर अपना देखो
यह चमन शहीदों की अपनी जागीर है
सर झुका पड़ोसी, विदेशियो सुन लो
आजाद सिवाना भारत का कश्मीर है

सरकार तुम्हारी देशी है
फिर क्यों दरबार विदेशी है
हथियार विदेशी ले उधार
कहते हो जंग स्वदेशी है
यह हाल तुम्हारा देख रहा जब से
हर हिन्दुस्तानी की आँखों में नीर है
सर झुका पड़ोसी, विदेशियो सुन लो
आजाद सिवाना भारत का कश्मीर है

जब घुस न सके तुम चोरी से
तो आते हो बरजोरी से
यह भारत है जो टरे न पथ से
डरे न सीनाजोरी से
हर पाकिस्तानी इतना तो जाने
हर हिन्दुस्तानी नेहरू की तस्वीर है
सर झुका पड़ोसी, विदेशियो सुन लो
आजाद सिवाना भारत का कश्मीर है

झूमा न करो बस जाम पर
कुछ गौर करो अंजाम पर
अब नहीं बटेंगे भारत के
इनसान धरम के नाम पर
मजहब का नाता घर तक ही रहता
भारत का तो सर्वस्व पराई पीर है
सर झुका पड़ोसी, विदेशियो सुन लो
आजाद सिवाना भारत का कश्मीर है

ओ भाई पाकिस्तान के
मत बैर करो यों जान के
अब रोज पड़ोसी हो तुम तो
जन्मों तक हिन्दुस्तान के
किस्मत ने जब दो देश मिलाये हैं
मिलकर रहना तदबीरों की तदबीर है
सर झुका पड़ोसी, विदेशियो सुन लो
आजाद सिवाना भारत का कश्मीर है

पर अब न समय पर तू जागे
फिर कहीं दूसरा रण माँगे
तो भारत की जनता होगी
कश्मीरी बच्चों के आगे
यह बर्फ नहीं कश्मीरी चोटी पर
भारत की नंगी चमक रही शमशीर है
सर झुका पड़ोसी, विदेशियो सुन लो
आजाद सिवाना भारत का कश्मीर है

[जून, 1957]

अमर सेनानी गांधी

आजादी का उड़ा तिरंगा, बापू चलते चले गए
लिया स्वराज्य अहिंसा से, इतिहास बदलते चले गए

अट्ठारह सौ सत्तावन में, ऐसी आँधी आई थी
पहली बार करोड़ों ने मिलकर तलवार उठाई थी
नगर-नगर भड़की चिनगारी
उजड़े महल-कुटी-फुलवारी
जीत गए पर अत्याचारी
रही अधूरी क्रान्ति हमारी
तब से आजादी के दीपक, मन-मन जलते चले गए
लिया स्वराज्य अहिंसा से, इतिहास बदलते चले गए

मंगल पांडे, कुँअर सिंह, ताँत्या, नाना, लक्ष्मीबाई
इनके शोणित से रंग लेकर, क्रान्ति हमारी मुस्काई
शासक समझे, क्रान्ति मर गई
भारत की सन्तान डर गई
हारी जनता लौट घर गई
पर कुर्बानी गजब कर गई

संगीनों की छाया में भी, तरुण मचलते चले गए
लिया स्वराज्य अहिंसा से, इतिहास बदलते चले गए

फिर से जन्मा राजकोट में, गोकुल का मनमोहन था
यह भी थे 'मोहन', पर इनका चर्खा चक्र सुदर्शन था
कुछ ऐसे थे यह अवतारी
बने देश के लिए भिखारी
देख सके न कोटि दुखियारी
समर कर दिया फिर से जारी
इनके संग लाखों, जेलों की ओर उछलते चले गए
लिया स्वराज्य अहिंसा से, इतिहास बदलते चले गए

किन्तु इन्हें भगवान् बुद्ध-सी, त्याज्य सर्वथा हिंसा थी
युद्ध-प्रेम में, शान्ति-क्रान्ति में, इनकी नीति अहिंसा थी
डरे नहीं यह शैतानों से
हटे न पीछे बलिदानों से
टकराने को तूफानों से
टकराये, पर मुस्कानों से
जहाँ मौत ने ललकारा, यह वहीं टहलते चले गए
लिया स्वराज्य अहिंसा से, इतिहास बदलते चले गए

ऐसे थे अद्‌भुत सेनानी, मन में खुद से लड़ते थे
बतलाते जो मार्ग हमें, खुद उस पर आगे बढ़ते थे
लड़ते थे, हथियार सत्य था
वस्त्र सत्य, शृंगार सत्य था

जीवन का आधार सत्य था
इनका तो संसार सत्य था
इसी सत्य के सैनिक बनकर, पाप कुचलते चले गए
लिया स्वराज्य अहिंसा से, इतिहास बदलते चले गए

धर्म भुलाकर आज एक हो
जाति मिटाकर आज एक हो
राष्ट्र एक हो, राज्य एक हो
जनता की आवाज एक हो
एक हुए जो अमर रहे वह, बिखरे, गलते चले गए
लिया स्वराज्य अहिंसा से, इतिहास बदलते चले गए

टूट पड़ा साम्राज्य कि डर से काँपा राज विदेशी था
इनकी सेना थी जन-सेना, इनका किला 'स्वदेशी' था
इनकी प्रजा बकरियाँ-गैया
चर्खा इनका राजा भैया
यह खेते जनता की नैया
इनकी नैया कृष्ण कन्हैया
घन से शशि जैसे, आफत से रोज निकलते चले गए
लिया स्वराज्य अहिंसा से, इतिहास बदलते चले गए

कभी लाजपत, मोतीलाल, तिलक तो अजमल, अनसारी
गांधीजी को भार सौंपकर, छोड़ गए बारी-बारी
फिर भी दुख से कभी न हारे
रहे निर्बलों के रखवारे

कोई मारे या ललकारे
ले आए यह नाव किनारे
गिरे देश को उठा-उठाकर, आप सँभलते चले गए
लिया स्वराज्य अहिंसा से, इतिहास बदलते चले गए

सन् सैंतालिस साल शान्ति का, कहीं नहीं कंगन खनका
हुआ मगर पन्द्रह अगस्त को, अन्त विदेशी शासन का
काम न आई चाल दुरंगी
विफल हुई तैयारी जंगी
चाबी देकर गए फिरंगी
आई आजादी सतरंगी
जो करते थे राज, हाथ वे खाली मलते चले गए
लिया स्वराज्य अहिंसा से, इतिहास बदलते चले गए

औरों के सुख को रोते थे, अपने सुख का ध्यान न था
झुका दिया साम्राज्य, मगर उनको कुछ अभिमान न था
गए कभी काबा न कलीसा
हृदय पावनी गंगाजी-सा
जीवन था बहता पानी-सा
तन-मन से लगते थे ईसा
तन पर खाईं तीन गोलियाँ, सबको छलते चले गए
लिया स्वराज्य अहिंसा से, इतिहास बदलते चले गए

जैसे श्याम दे गए मुरली, राम खड़ाऊँ छोड़ गए
गांधी टोपी पहनाकर यह, अखिल राष्ट्र को जोड़ गए

छोड़ गए निज नाम अमर यह
चले गए सुर-धाम अमर यह
चढ़ा गए धन-धाम-उमर यह
ऐसे थे निष्काम अमर यह
फूला इनका बाग लगाया, बिरुवे फलते चले गए
लिया स्वराज्य अहिंसा से, इतिहास बदलते चले गए

[अगस्त, 1959]

अभी कहाँ घर लौट चला

अभी कहाँ घर लौट चला, साँझ नहीं भिनसार है
तीस कोटि की अमर क्रान्ति का, बुझा नहीं अंगार है

'सत्तावन' में शीश उठाया, जिस पगली आजादी ने
हमें स्वराज्य दिलाकर उसकी लाज बचाई गांधी ने
लाख चले संसार दुरंगा
भारत में उड़ रहा तिरंगा
किन्तु यहीं जो पाँव रुके तो, जीत नहीं, यह हार है
तीस कोटि की अमर क्रान्ति का, बुझा नहीं अंगार है

युग-युग दीप जलाते आए, हम-तुम जिसके वास्ते
चमक रहे हैं उस प्रभात में, आज हमारे रास्ते
करती है हर लहर इशारा
टापू को समझो न किनारा
नाव हमारी जहाँ खड़ी वह तीर नहीं, मँझधार है
तीस कोटि की अमर क्रान्ति का, बुझा नहीं अंगार है

घर अपना आजादी अपनी, सब कुछ अपना-अपना है
किन्तु अभी तक साम्यवाद के साथ पनपना सपना है
फागुन होगा छुपा महल में
सावन होगा अगल-बगल में
पत्तों की झोंपड़ियों से तो गया नहीं पतझार है
तीस कोटि की अमर क्रान्ति का, बुझा नहीं अंगार है

कहाँ चला तू यहाँ-वहाँ, जलती चिनगारी छोड़कर
लौट रहा क्यों बीच डगर से, कुछ जंजीरें तोड़कर
अभी और जंजीर तोड़ना
बाकी है रे मुख न मोड़ना
है निर्माण अधूरा, पूरा हुआ नहीं संहार है
तीस कोटि की अमर क्रान्ति का, बुझा नहीं अंगार है

मिली नहीं सत्ता कि गिरे को हम ज्यों के त्यों रहने दें
कहीं पसीना पोंछें और किसी के आँसू बहने दें
बढ़े चलो सत्ता के संग में
रँग लो देश बसंती रंग में
दूर खड़ी रहने को अपनी बनी नहीं सरकार है
तीस कोटि की अमर क्रान्ति का, बुझा नहीं अंगार है

लाखों बने उसी मिट्टी के, फिर क्यों इतनी जातियाँ
बोली, कपड़े, धर्म बदलने पर क्यों बदलें पाँतियाँ
मस्जिद से आ रहे नमाजी
मन्दिर को जा रहे समाजी

पर इनसान गले न लगें तो, धर्म नहीं, दीवार है
तीस कोटि की अमर क्रान्ति का, बुझा नहीं अंगार है

लूट गए जो काशमीर, उनको भगवान् न भूलेगा
कहते हैं इंसाफ जिसे, बस वह तूफान न भूलेगा
तू रखकर तलवार म्यान में
भला बना फिरता जहान में
पर उनके खूनी हाथों से, गिरी नहीं तलवार है
तीस कोटि की अमर क्रान्ति का, बुझा नहीं अंगार है

आज हिन्द को लाल किले-सा लाल बनाया जा रहा
इसीलिए हर पाँच साल पर, साल मनाया जा रहा
शोर मचा दे चलिए-उठिए
बनना है तो मिटिए-लुटिए
हिन्दुस्तान बसाना फिर से, खेल नहीं, ललकार है
तीस कोटि की अमर क्रान्ति का, बुझा नहीं अंगार है

तीन तरफ से खुला समुन्दर, पूरब-पश्चिम लोग 'भले'
इस हालत में सब कुछ ले ले, मगर चैन का नाम न ले
शान्ति-काल में शक्ति सँभालो
क्रान्ति-काल में भक्ति निभा लो
निर्बल की पूजा करने को, बसा नहीं संसार है
तीस कोटि की अमर क्रान्ति का, बुझा नहीं अंगार है

दीपक जला नई दिल्ली में, झंडा उड़ा सिवाने पर
लहराती है आजादी इस झंडे के फहराने पर
जीती ज़ाती शान्ति समर में,
तो शहनाई बजती घर में
युद्ध-शान्ति का युग-निर्णय, इस पार नहीं, उस पार है
तीस कोटि की अमर क्रान्ति का, बुझा नहीं अंगार है

हद है दया-धरम भारत का, जो भी घर में पैठ गया
जो भी आया चोर लूटने, वही तख्त पर बैठ गया
पृथ्वीराज - सिराजुद्दौला
की गलती को बख्शे मौला
बार-बार की भूलों को अब हिन्द नहीं तैयार है
तीस कोटि की अमर क्रान्ति का, बुझा नहीं अंगार है

[फरवरी, 1956]

लाल चुनरिया रँग दे रे

मौसम है रँगरेज, गुलाबी गाँव-नगरिया रँग दे रे
तीस करोड़ बसे धरती की, हरी चदरिया रँग दे रे

हिन्द अभी स्वाधीन हुआ है, राष्ट्र मुक्ति में लीन हुआ है
उदयाचल से अस्ताचल तक, नया देश रंगीन हुआ है
गली मुहल्ला टोला-टोला
रँग दे आज बसन्ती चोला
ग्राम-नगर की गृहलक्ष्मी की, लाल चुनरिया रँग दे रे
तीस करोड़ बसे धरती की, हरी चदरिया रँग दे रे

लाखों ने मन की उमंग में, ध्वजा रँगाई तीन रंग में
ध्वजा उड़ी, उड़ गई गुलामी, उड़ी सल्तनत संग-संग में
इसी रंग ने मुक्ति दिलाई
भारत को दिल्ली लौटाई
इसी रंग में वरन-वरन की, शोख नजरिया रँग दे रे
तीस करोड़ बसे धरती की, हरी चदरिया रँग दे रे

ताल-तलैया पनघट छलकें, यों गंगा-यमुना-तट छलकें
भारत के पनघट-पनघट पर, प्यासों के आगे घट छलकें
प्यास रहे चाहे जीने की
धन की या अमृत पीने की
प्यासा देख छलकने वाली, भरी गगरिया रँग दे रे
तीस करोड़ बसे धरती की, हरी चदरिया रँग दे रे

रँग दे मन्दिर मस्जिद गिरजा, कह दे, दीवारों से, गिर जा
इनसानों को गले लगा ले, जन्म सफल कर तिर जा, तिर जा
फूल चमन में यों खिल आएँ
अपना रंग भुला, मिल जाएँ
धर्मों के पर्दे-पर्दे की रँगी किनरिया रँग दे रे
तीस करोड़ बसे धरती की, हरी चदरिया रँग दे रे

महलों पर तो चाँदी टूटे, खड़ी झोंपड़ी सोना लूटे
नगर-डगर-घर हँसी-खुशी की फुलझड़ियों में लड्डू फूटे
धरती पर इनसान एक हैं
सूर्य चन्द्र आसमान एक हैं
एक चँदोवे के नीचे अब, कुटी-अटरिया रँग दे रे
तीस करोड़ बसे धरती की, हरी चदरिया रँग दे रे

ऊँचा हो न धनी निर्धन से, गाँव न बिछुड़े सिंहासन से
मानव का हो मोल न अब तो, केवल रुपयों के खन-खन से
अब जीवन का रूप बदल दे
छाँव बदल दे, धूप बदल दे

मोल पुराना करनेवाली, हाट-बजरिया रँग दे रे
तीस करोड़ बसे धरती की, हरी चदरिया रँग दे रे

रँग वसन्त रँग फागुन-सावन, रँग दे चोला रँग दे चोली
एक पेड़ के पत्तों-जैसे, रँगता चल टोली की टोली
सुमिरें लोग तिलक-गांधी को
मिटें, बचायें आजादी को
जिस पथ से शहीद जाते हों, वही डगरिया रँग दे रे
तीस करोड़ बसे धरती की, हरी चदरिया रँग दे रे

राम-कृष्ण की इस धरती ने, पीर सही, पामाली काटी
जंजीरों की झनन-झनन में, दिन काटे दीवाली काटी
बीते जनम गुलामी जाते
देर लगी आजादी आते
छाईं बहुत घटाएँ अब तो, श्याम बदरिया रँग दे रे
तीस करोड़ बसे धरती की, हरी चदरिया रँग दे रे

आज हिमालय से सागर तक, नई लहर है, नई उमर है
राजमहल से झोंपड़ियों तक, नये देश की नई नजर है
चिनगारी से अमर क्रान्ति की
भर-भर दे तू माँग शान्ति की
अजर-अमर प्राचीन देश की, नई उंमरिया रँग दे रे
तीस करोड़ बसे धरती की, हरी चदरिया रँग दे रे

[फरवरी, 1954]

हमारे कुछ पड़ोसी प्रजातंत्र

कुछ ऐसे भी प्रजातंत्र हैं, जहाँ तनाव यही होता है
जनता चिल्लाती रहती है, मगर चुनाव नहीं होता है

शासक एक निरंकुश होता, वही राष्ट्रपति कहलाता है
सारा देश नचनिया बनकर, उसका ही मन बहलाता है
रवि-शशि-तारे नाच रहे हैं, जिसे घेरकर आदि काल से
वह मानव यों नाचे, किसके मन में घाव नहीं होता है
जनता चिल्लाती रहती है, मगर चुनाव नहीं होता है

देश भिखारी, शासक दानी, है भविष्य उसकी भिक्षा पर
पड़ा 'भूत' है गहन गर्त में, वर्तमान उसकी इच्छा पर
लोग पड़े रहते हैं घर में, बुझी हुई सिगरेटों जैसे
हृदय तड़पता तो है लेकिन, उसमें ताव नहीं होता है
जनता चिल्लाती रहती है, मगर चुनाव नहीं होता है

देख हिन्द को उन्नति-पथ पर, कुछ न करें तो हकलाते हैं
करते हैं षड्यंत्र महल से, प्यार कुटी से जतलाते हैं
बतलाते हैं तंत्र प्रजा का, पर चलता गुरु-मंत्र एक का

भाषण में सब कुछ कह जाते, मन में भाव नहीं होता है
जनता चिल्लाती रहती है, मगर चुनाव नहीं होता है

जो चाहे सुख स्वतंत्रता का, बन्दी उसे बना देते हैं
इस पर भी न झुके तो, टुकड़े देकर उसे मना लेते हैं
जनता का हित एक ओर है, एक ओर इनकी रँगरलियाँ
दुखियारी रोते रहते हैं, मृदु बर्ताव नहीं होता है
जनता चिल्लाती रहती है, मगर चुनाव नहीं होता है

शिक्षा, न्याय, दवा चाहो तो, पग-पग पर लगते हैं पैसे
आय ठप्प, नौकरियाँ सपना, चूल्हा लोग जलायें कैसे
देश देखने पर लगता है, अभी यहाँ पर बम्ब गिरा था
पानी पीकर निर्धन जीवित, विचलित राव नहीं होता है
जनता चिल्लाती रहती है, मगर चुनाव नहीं होता है

जनमत चाहो तो कह देते देश अभी तैयार नहीं है
अभी रजिस्टर पड़ा अधूरा, जनमत है, खिलवाड़ नहीं है
अस्तु, नतीजा यह है प्यारे, पड़ा जहाँ का तहाँ देश है
युग आता-जाता है इनको, कुछ भी चाव नहीं होता है
जनता चिल्लाती रहती है, मगर चुनाव नहीं होता है

होता है धन खर्च पुलिस पर, या सेना पर, हथियारों पर
या अन्तःपुर की 'चिड़ियों' पर वायुयान, मोटरकारों पर
ऐसे हैं ये प्रजातंत्र, नर जहाँ कई पत्नी रख लेता
नारी पर अत्याचारों का, यहाँ अभाव नहीं होता है
जनता चिल्लाती रहती है, मगर चुनाव नहीं होता है

डरते भी हैं, कहीं न जनता, कर दे क्रान्ति उलट दे तख्ता
फिर चुनाव जो हो जाए तो, पापी स्वाद पाप का चखता
दोनों आफत से बचने का, एक उपाय मंत्रिमंडल है
ऐसे मंत्री का जनता से, तनिक लगाव नहीं होता है
जनता चिल्लाती रहती है, मगर चुनाव नहीं होता है

नौटंकी के नट-जैसे कुछ लोग सचिव बनते जाते हैं
छोड़ अधूरा अपना अभिनय, फिर घर को वापस आते हैं
एक गया तो खड़ा दूसरा, यह ताँता लगता ही रहता
कितना ही नाचे कठपुतली, कभी प्रभाव नहीं होता है
जनता चिल्लाती रहती है, मगर चुनाव नहीं होता है

नित्य सचिव सचिवालय जाते, मोटर चढ़ते, भाषण देते
बजट बनाते, टैक्स बढ़ाते, तोपें चला सलामी लेते
एक समस्या रोटी की, वह भी न गई इनसे सुलझाई
सब कुछ होता पास रोटियों का प्रस्ताव नहीं होता है
जनता चिल्लाती रहती है, मगर चुनाव नहीं होता है

धर्मभीरु जनता आँखों में, आँसू भरकर सहती टंटा
मस्जिद में पढ़ती नमाज है, मन्दिर पहुँच बजाती घंटा
करो भरोसा मेरे भाई, सुन लेगा भगवान् कभी तो
तप्त धरा पर व्यर्थ अश्रु का, यों छिड़काव नहीं होता है
जनता चिल्लाती रहती है, मगर चुनाव नहीं होता है

मतलब यह, ऐसों से अपना, हिन्दुस्तान कहीं अच्छा है
धर्म, न्याय, सुख-शान्ति प्रीति है, और अभी तो यह बच्चा है
यह माना कि यहाँ बन्दूकें, जंग खाने के लिए बनी हैं
पर यह तय है, कतराने से, भी बचाव नहीं होता है
जनता चिल्लाती रहती है, मगर चुनाव नहीं होता है

[मार्च, 1956]

शासन चलता तलवार से

ओ राही, दिल्ली जाना तो, कहना अपनी सरकार से
चर्खा चलता है हाथों से, शासन चलता तलवार से

यह राम-कृष्ण की जन्मभूमि, पावन धरती सीताओं की
फिर कमी रही कब भारत में, सभ्यता-शान्ति-सद्भावों की
पर नये पड़ोसी कुछ ऐसे, पागल हो रहे सिवाने पर
इस पार चराते गौएँ हम, गोली चलती उस पार से
ओ राही, दिल्ली जाना तो, कहना अपनी सरकार से

तुम उड़ा कबूतर अम्बर में, सन्देश शान्ति का देते हो
चिट्ठी लिखकर रह जाते हो, जब कुछ गड़बड़ सुन लेते हो
वक्तव्य लिखो कि विरोध करो, यह भी कागज वह भी कागज
कब नाव राष्ट्र की पार लगी, यों कागज की पतवार से
ओ राही, दिल्ली जाना तो, कहना अपनी सरकार से

तुम चावल भिजवा देते हो, जब प्यार पुराना दर्शाकर
वे प्राप्ति-सूचना देते हैं, सीमा पर गोली वर्षा कर
चुप रहने को तो हम इतना चुप रहें कि मरघट शरमाये

बन्दूकों से छूटी गोली, कैसे चूमोगे प्यार से
ओ राही, दिल्ली जाना तो, कहना अपनी सरकार से

मालूम हमें हैं तेजी से निर्माण हो रहा भारत का
चहुँ ओर अहिंसा के कारण, गुणगान हो रहा भारत का
पर यह भी सच है, आजादी है तो चल रही अहिंसा है
वर्ना अपना घर दीखेगा, फिर कहाँ कुतुबमीनार से
ओ राही, दिल्ली जाना तो, कहना अपनी सरकार से

स्वातंत्र्य न निर्धन की पत्नी कि पड़ोसी जब चाहें, छेड़ें
यह वह पागलपन है जिससे शेरों से लड़ जातीं भेड़ें
पर यहाँ ठीक इसके उलटे, हैं भेड़ छेड़ने वाले ही
फिर क्यों रखते वंचित हमको, निज स्वाभाविक हुंकार से
ओ राही, दिल्ली जाना तो, कहना अपनी सरकार से

नहरें फिर भी खुद सकती हैं, बन सकती है योजना नई
जीवित हैं तो फिर कर लेंगे, कल्पना नई, कामना नई
घर की है बात, यहाँ 'बोतल' पीछे भी पकड़ी जाएगी
पहले चलकर सीमा पर सर झुकवा तो लो संसार से
ओ राही, दिल्ली जाना तो, कहना अपनी सरकार से

फिर कहीं गुलामी आई तो, क्या कर लेंगे हम निर्भय भी
स्वातंत्र्य-सूर्य के साथ अस्त हो जायेगा सर्वोदय भी
इसलिए मोल आजादी का नित सावधान रहने में है

लड़ने का साहस कौन करे, फिर मरने को तैयार से
ओ राही, दिल्ली जाना तो, कहना अपनी सरकार से

तैयारी को भी तो थोड़ा चाहिए समय, साधन, सुविधा
इसलिए जुटाओ अस्त्र-शस्त्र, छोड़ो ढुलमुल मन की दुविधा
जब इतना बड़ा विमान तीस नखरे करता तब उड़ता है
फिर कैसे तीस करोड़ समर को चल देंगे बाजार से
ओ राही, दिल्ली जाना तो, कहना अपनी सरकार से

हम लड़ें नहीं, प्रण तो ठानें, रण-रास रचाना तो सीखें
होना स्वतंत्र हम जान गये, स्वातंत्र्य बचाना तो सीखें
वह माने सिर्फ नमस्ते से, जो हँसे-मिले, मृदु बात करे
बन्दूक चलाने वाला माने, बम्बारों की मार से
ओ राही, दिल्ली जाना तो, कहना अपनी सरकार से

सिद्धान्त, धर्म कुछ और चीज, आजादी है कुछ और चीज
सब कुछ हैं तरु-डाली-पत्ते, आजादी है बुनियाद-बीज
इसलिए वेद-गीता-कुरान, दुनिया ने लिक्खे स्याही से
लेकिन लिक्खा आजादी का इतिहास रुधिर की धार से
ओ राही, दिल्ली जाना तो, कहना अपनी सरकार से

[जून, 1956]

हिन्दी है भारत की बोली

दो वर्तमान का सत्य सरल,
सुन्दर भविष्य के सपने दो
हिन्दी है भारत की बोली,
तो अपने आप पनपने दो

यह दुखड़ों का जंजाल नहीं,
लाखों मुखड़ों की भाषा है
थी अमर शहीदों की आशा,
अब जिन्दों की अभिलाषा है
मेवा है इसकी सेवा में,
नयनों को कभी न झँपने दो
हिन्दी है भारत की बोली,
तो अपने आप पनपने दो
क्यों काट रहे पर पंछी के
पहुँची न अभी यह गाँवों तक
क्यों रखते हो सीमित इसको
तुम सदियों से प्रस्तावों तक

औरों की भिक्षा से पहले,
तुम इसे सहारे अपने दो
हिन्दी है भारत की बोली,
तो अपने आप पनपने दो

शृंगार न होगा भाषण से,
सत्कार न होगा शासन से
यह सरस्वती है जनता की
पूजो, उतरो सिंहासन से
तुम इसे शान्ति में खिलने दो,
संघर्ष-काल में तपने दो
हिन्दी है भारत की बोली,
तो अपने आप पनपने दो

जो युग-युग से रह गए अड़े,
मत उन्हीं अक्षरों को काटो
यह जंगली झाड़ न, भाषा है,
मत हाथ-पाँव इसके छाँटो
अपनी झोली से कुछ न लुटे,
औरों का इसमें खपने दो
हिन्दी है भारत की बोली,
तो अपने आप पनपने दो

इसमें मस्ती पंजाबी की,
गुजराती की है कथा मधुर

रसधार देववाणी की है,
मंजुल बँगला की व्यथा मधुर
साहित्य फूलेगा - फलेगा,
पहले पीड़ा से कँपने दो
हिन्दी है भारत की बोली,
तो अपने आप पनपने दो
नादान नहीं थे हरिश्चन्द्र,
मतिराम नहीं थे बुद्धिहीन
जो कलम चलाकर हिन्दी में
रचना करते थे नित नवीन

इस भाषा में हर 'मीरा' को
मोहन की माला जपने दो
हिन्दी है भारत की बोली,
तो अपने आप पनपने दो

प्रतिभा हो तो कुछ सृष्टि करो,
सदियों की बनी बिगाड़ो मत
कवि सूर बिहारी तुलसी का
यह विरुवा नरम उखाड़ो मत
भंडार भरो, जनमन की हर
हलचल पुस्तक में छपने दो
हिन्दी है भारत की बोली,
तो अपने आप पनपने दो

मृदु भावों से हो ह्रदय भरा
तो गीत कलम से फूटेगा
जिसका घर सूना-सूना हो
वह अक्षर पर ही टूटेगा
अधिकार न छीनो मानस का,
वाणी के लिए कलपने दो
हिन्दी है भारत की बोली,
तो अपने आप पनपने दो

बढ़ने दो इसे सदा आगे,
हिन्दी जनमन की गंगा है
यह माध्यम उस स्वाधीन देश का
जिसकी ध्वजा तिरंगा है
हों कान पवित्र इसी सुर में
इसमें ही ह्रदय तड़पने दो
हिन्दी है भारत की बोली,
तो अपने आप पनपने दो

[अप्रैल, 1955]

बापू, तुम्हारी प्रार्थना

जो देश का दुख हर गई, स्वाधीन हमको कर गई
वह प्रार्थना थी प्रार्थना, बापू, तुम्हारी प्रार्थना

पहले उठा था एक स्वर
इंसानियत के नाम पर
जनता उठी जयघोष कर
हलचल मची फिर देश भर
जो क्रान्ति बनकर छा गई, सुख-शान्ति बनकर आ गई
वह कल्पना थी कल्पना, बापू, तुम्हारी कल्पना

पहले कटा था एक सर
स्वातंत्र्य की बलि-वेदि पर
कितने गए फिर मनुज मर
संघर्ष कर, संग्राम कर
तलवार जिससे रुक गई, सत्ता विदेशी झुक गई
वह वंदना थी वंदना, बापू, तुम्हारी वंदना

पहले जला था एक घर
परिजन-स्वजन को फूँककर
वह क्रान्ति की ज्वाला अमर
फैली, जला फिर देश-भर
उद्धार जिससे हो गया, भारत बसा फिर से नया
वह कामना थी कामना, बापू, तुम्हारी कामना

पहले चला था एक कर
दीवार पर, जंजीर पर
जनता उठी विद्रोह कर
छोड़ा गुलामी तोड़कर
दुख जालिमों के सिर पड़ा, साम्राज्य जिससे गिर पड़ा
वह यातना थी यातना, बापू, तुम्हारी यातना

[अक्टूबर, 1950]

जवाहरलाल

नाव हिन्द की चली मचलती, खेवनहार जवाहरलाल
तीर मिले, मँझधार बुलाए, तारनहार जवाहरलाल

जहाँ त्रिशूल लिए शिवशंकर, नाच गए तांडव की ताल
छोड़ गए रघुवीर धनुष तो, मुरली छोड़ गए गोपाल

शिवा गए तलवार चलाकर
गुरु गोविन्द कृपाण लगाकर
तो प्रताप सौगंध दिलाकर
उसी लक्ष्य के लिए चलाते हैं पतवार जवाहरलाल
तीर मिले, मँझधार बुलाए, तारनहार जवाहरलाल

सत्ता की बैठक सिंहासन, नाज जहाँ अन्दाज वहीं
किन्तु बसा जो जन-मन में वह ताजों का मुहताज नहीं
और देश के सत्ताधारी
पहनें ताज, कसें असवारी
लिए फिरें संग-संग दरबारी
चलें गुलाब लगाकर अचकन पर सरदार जवाहरलाल
तीर मिले, मँझधार बुलाए, तारनहार जवाहरलाल

आज बँटा जग दो टोली में, दोनों बने किनारे दो
दुनिया पूछे शान्ति मार्ग तो, दोनों करें इशारे दो
फेंका करें प्यार के पासे
देते जाएँ रोज दिलासे
मगर खून के दोनों प्यासे
दोनों दल के बीच खड़े, बनकर दीवार जवाहरलाल
तीर मिले, मँझधार बुलाए, तारनहार जवाहरलाल

निर्धन का अरमान जगाएँ बाँटें स्वप्न फकीरों को
दुखियारी का भाग्य न समझें, युग-युग घिसी लकीरों को
सींचे धरा, नहर खुदवाएँ
खोलें बाँध, नदी बँधवाएँ
कुटी महल को पास बुलाएँ
कैसे क्रान्ति बुझे भारत में, जब अंगार जवाहरलाल
तीर मिले, मँझधार बुलाए, तारनहार जवाहरलाल

कहने को प्रधान मंत्री, पर जीवन-मंत्र अहिंसा है
लाख रचें, षड्यंत्र पड़ोसी, इनका तंत्र अहिंसा है
शान्ति-कपोत उड़ाते जाएँ
रण से हाथ छुड़ाते जाएँ
सबको गले लगाते जाएँ
भारत का अपमान करो तो, फिर तलवार जवाहरलाल
तीर मिले, मँझधार बुलाए, तारनहार जवाहरलाल

कहीं छिड़े संसार-युद्ध तो, चिन्ता लगे जवाहर को
तिब्बत का भी खून बहे तो, पीड़ा जगे जवाहर को
जहाँ कहीं कमजोर गुहारे
दासों की जंजीर पुकारे
वहीं जवाहरलाल हमारे
सकल गुलामों की स्वतंत्रता के अवतार जवाहरलाल
तीर मिले, मँझधार बुलाए, तारनहार जवाहरलाल

गांधी के इस चेले को कोई कमजोर नहीं समझे
भारत की जनता को कोई कच्ची डोर नहीं समझे
ओ बम्बार उड़ाने वालो
भाई-बन्धु लड़ाने वालो
बोझ शान्ति पर और न डालो
कहीं अहिंसा छोड़ न बैठें जी लाचार जवाहरलाल
तीर मिले, मँझधार बुलाए, तारनहार जवाहरलाल

अब न रहा वह देश नरेशों, साधू-साँप-मदारी का
बहा रहा श्रमकन का कंचन, अब यह स्वर्ग भिखारी का
धूप न देखो, छाँव न देखो
मंजिल देखो, पाँव न देखो
भारत देखो, गाँव न देखो
नये राष्ट्र की आज रवानी की रफ्तार जवाहरलाल
तीर मिले, मँझधार बुलाए, तारनहार जवाहरलाल

कोटि-कोटि जनता के सुख-दुख की झनकार जवाहरलाल
सेवक स्वामी साथी सेनापति सरकार जवाहरलाल
अगर श्याम की सच्ची गीता
अगर सत्य का समय न बीता
अगर पुण्य हो अमृत पीता
पुण्य भूमि भारत में आएँ बारम्बार जवाहरलाल
तीर मिले, मँझधार बुलाए, तारनहार जवाहरलाल

[नवम्बर, 1959]

एक देश, एक राष्ट्र, एक राष्ट्रभाषा

एक देश, एक राष्ट्र, एक राष्ट्रभाषा
एकता स्वतंत्र देश की ज्वलन्त आशा

कोटि-कोटि व्यक्ति यहाँ
संघ यहाँ, शक्ति यहाँ
जाति-धर्म भेद न कर
एक राष्ट्र-भक्ति यहाँ
एक ही क्षुधा समग्र, एक ही पिपासा
एक देश, एक राष्ट्र, एक राष्ट्रभाषा

तन असंख्य, एक हृदय
एक शान्ति, एक प्रलय
सिद्धि है समान यहाँ
एक हार, एक विजय
मेल में समृद्धि और फूट में निराशा
एक देश, एक राष्ट्र, एक राष्ट्रभाषा

राष्ट्र से मनुष्य जुड़े
जा रही बहार मुड़े
देश हो स्वतंत्र-सुखी
व्योम में निशान उड़े
वर्तमान की लगन, भविष्य का दिलासा
एक देश, एक राष्ट्र, एक राष्ट्रभाषा

लाख अन्धकार घिरे
दामिनी प्रचंड गिरे
एकता अखंड रहे
तो सदैव भाग्य फिरे
टिक न सके श्रम-समीप दैन्य का कुहासा
एक देश, एक राष्ट्र, एक राष्ट्रभाषा

धर्म का प्रदीप जले
प्रीति का प्रताप चले
धर्म वह पवित्र नहीं
जो मनुष्य घेर न ले
जो घृणा प्रचार करे धर्म वह तमाशा
एक देश, एक राष्ट्र, एक राष्ट्रभाषा

राम राज्य-युद्ध लड़ो
जीत हुई, और बढ़ो
विघ्न से डरा न करो
सिन्धु चढ़ो, शैल चढ़ो
जब तलक न दर्द मिटे, हर मनुष्य प्यासा
एक देश, एक राष्ट्र, एक राष्ट्रभाषा

[अक्टूबर, 1962]

मेरा धन है स्वाधीन कलम

मेरा धन है स्वाधीन कलम
राजा बैठे सिंहासन पर, यह ताजों पर आसीन कलम

जिसने तलवार शिवा को दी
रोशनी उधार दिवा को दी
पतवार थमा दी लहरों को
खंजर की धार हवा को दी
अग-जग के उसी विधाता ने, कर दी मेरे आधीन कलम

रस-गंगा लहरा देती है
मस्ती-ध्वज फहरा देती है
चालीस करोड़ों की भोली
किस्मत पर पहरा देती है
संग्राम-क्रान्ति का बिगुल यही, है यही प्यार की बीन कलम

कोई जनता को क्या लूटे
कोई दुखियों पर क्या टूटे
कोई भी लाख प्रचार करे
सच्चा बनकर झूठे-झूठे
अनमोल सत्य का रत्नहार, लाती चोरों से छीन कलम

तुलसी चन्दा तो सूर-सूर
केशव-से तारे दूर-दूर
बाकी हैं जुगनू, मैं तो बस
जागरण-पक्ष में चूर-चूर
रवि लाने वाला दीपक हूँ, मेरी लौ में लवलीन कलम

बस मेरे पास हृदय-भर है
यह भी जग को न्योछावर है
लिखता हूँ तो मेरे आगे
सारा ब्रह्मांड विषय-भर है
रँगती चलती संसार-पटी, यह सपनों की रंगीन कलम

लिखता हूँ अपनी मर्ज़ी से
बचता हूँ कैंची-दर्ज़ी से
आदत न रही कुछ लिखने की
निन्दा-वन्दन खुदगर्ज़ी से
कोई छेड़े तो तन जाती, बन जाती है संगीन कलम

मत पूछो छलने वालों से
कतराओ जलने वालों से
पूछो जनता से और सही
राहों पर चलने वालों से
क्या और किसी की है ऐसी, इठलाती हुई हसीन कलम

फूलों जैसा हर मुखड़ा है
हर शब्द हृदय का टुकड़ा है
छूकर यह कलम, तराना बन
जाता हर दिल का दुखड़ा है
मुस्कान रचाती आँसू में, गम में डूबी गमगीन कलम

लेकर रंगीनी की बहार
इठलाते चलते अलंकार
हर दर्द बना देता कवि को
सबसे मस्ताना गीतकार
नित नई कल्पना करती है, यह अनुभव की प्राचीन कलम

गैरों की कलम चिलम-जैसी
फैलाती घटा भरम-जैसी
नित धुआँ उड़ाती रहती है
पर मेरे पास कलम ऐसी
उड़ने को उड़ जाए नभ में, पर छोड़े नहीं जमीन कलम

ओ आलोचक, विष घोल नहीं
साहित्य समझ, सुन, बोल नहीं
रंगरूटों से कह दे कोई
मन्दिर में पीटे ढोल नहीं
तू दलबन्दी पर मरे, यहाँ लिखने में है तल्लीन कलम

तुझ-सा लहरों में बह लेता
तो मैं भी सत्ता गह लेता
ईमान बेचता चलता तो
मैं भी महलों में रह लेता
हर दिल पर झुकती चली मगर, आँसू वाली नमकीन कलम
मेरा धन है स्वाधीन कलम

[जनवरी, 1963]

इतिहास बदलने वाले हैं

हम धरती क्या, आकश बदलने वाले हैं
हम तो कवि हैं, इतिहास बदलने वाले हैं

हर क्रान्ति कलम से शुरू हुई, सम्पूर्ण हुई
चट्टान जुल्म की, कलम चली तो चूर्ण हुई
हम कलम चलाकर त्रास बदलने वाले हैं
हम तो कवि हैं, इतिहास बदलने वाले हैं

जब-जब जनता पर दुख की बदली छाई है
तब-तब हमने विप्लव-बिजली चमकाई है
मानवता का परिहास बदलने वाले हैं
हम तो कवि हैं, इतिहास बदलने वाले हैं

पहले हमने गुन राम-श्याम का गाया था
विरही मन का, बादल को दूत बनाया था
अब कुटियों का चौमास बदलने वाले हैं
हम तो कवि हैं, इतिहास बदलने वाले हैं

हो जीवन पर न अमीरों का एकाधिकार
इस गुलशन में चालीस करोड़ों की बहार
हम घर-घर का मधुमास बदलने वाले हैं
हम तो कवि हैं, इतिहास बदलने वाले हैं

तलवार हमारी है निर्भय-आजाद-कलम
हम लड़ते आए जोर-जुल्म से जनम-जनम
हम निर्बल का संन्यास बदलने वाले हैं
हम तो कवि हैं, इतिहास बदलने वाले हैं

जो फूट निरन्तर खून देश का पीती है
उसको पीकर कविता की स्याही जीती है
हम हर दुश्मन की प्यास बदलने वाले हैं
हत तो कवि है, इतिहास बदलने वाले हैं

पन्द्रह अगस्त के दिन थी जिसकी नींव पड़ी
उस प्रजातंत्र की रखवारी में कलम खड़ी
ना मानो तो विश्वास बदलने वाले हैं
हम तो कवि हैं, इतिहास बदलने वाले हैं

ओ महल, कुटी की ओर मचल जा घूमकर
ओ कुटी, महल की ओर उछल जा झूमकर
हम धरती का विन्यास बदलने वाले हैं
हम तो कवि हैं, इतिहास बदलने वाले हैं

[मार्च, 1962]

मनुष्य की समानता

मनुष्य माँगता यही, यही मनुष्य मानता
कि हो समाज-राज में मनुष्य की समानता

स्वतंत्रता मिली हमें कि देश में सुराज हो
मनुष्य एक आज हो कि वर्ग एक आज हो
समाज के लिए समाज का अखंड राज हो
मनुष्य माँगता यही, यही मनुष्य मानता
कि हो समाज-राज में मनुष्य की समानता

अशान्ति है कि क्रान्ति की नवीन आग चाहिए
स्वराज्य के विधान में नवीन राग चाहिए
कि अर्थ का जमीन का समान भाग चाहिए
समाज पर कभी रहे न व्यक्ति की प्रधानता
मनुष्य माँगता यही, यही मनुष्य मानता
कि हो समाज-राज में मनुष्य की समानता

मकान हो, मनुष्य पाँव तो पसार रह सके
कि वस्त्र हो कि जिन्दगी सजा-सँवार रह सके

स्वतंत्रता रहे कि दर्द लिख सके कि कह सके
विधान हो कि राज भी कभी नहीं सके सता
मनुष्य माँगता यही, यही मनुष्य मानता
कि हो समाज-राज में मनुष्य की समानता

अलग-अलग पुकार हो न व्यक्ति-व्यक्ति के लिए
कि व्यक्ति हो सदा यहाँ—समाज-शक्ति के लिए
कि जन्म भर लगा रहे स्वदेश-भक्ति के लिए
मनुष्य माँगता यही, यही मनुष्य मानता
कि हो समाज-राज में मनुष्य की समानता

[सितम्बर, 1947]

मनुष्य तोड़ता चला

मनुष्य तोड़ता चला, मनुष्य तोड़ता चला
निवास में, प्रवास में
तमिस्त्र में, प्रकाश में
कि मार्ग के निकास में
समृद्धि के विकास में
बँधे हजार शृंखला, मनुष्य तोड़ता चला

घिसी - मलीन रीतियाँ
अनीतिपूर्ण नीतियाँ
कुरीतियाँ - सुरीतियाँ
असत्य की प्रतीतियाँ
कि जो न कर सकीं भला, मनुष्य तोड़ता चला

कि धर्म का प्रचार हो
कि पुण्य का विचार हो
कि पाप का प्रसार हो
कि सार हो असार हो
दबा जहाँ कहीं गला, मनुष्य तोड़ता चला

मनुष्य देवता नहीं
मनुष्य दैत्य भी नहीं
मनुष्य बस मनुष्य है
मनुष्य चाहता यही
बची रहे जहान में
मनुष्य की स्वतंत्रता
अगर न बात यह रही
डगर मिली नहीं सही
हजार फिर रिवाज हो
कि जाति हो समाज हो
कि राज हो स्वराज हो
कि हुक्म तख्त ताज हो
अगर कहीं जिगर जला, कि दिल-दिमाग को खला
मनुष्य तोड़ता चला, मनुष्य तोड़ता चला

[फरवरी, 1949]

नजर है नई तो नजारे पुराने

नई रोशनी को मिले राह कैसे
नजर है नई तो नजारे पुराने
नई शाम है तो धुँधलका पुराना
नई रात है तो सितारे पुराने
बसायें कहाँ घर नई जिन्दगी का
लगायें पता क्या नई मंजिलों का
खिवैया तुम्हारी बँधी खाड़ियों में
लहर है नई तो किनारे पुराने

इधर ठोकरों पर पड़ी है जवानी
उधर सिर उठाये खड़ी राजधानी
महल में पुराने दिये जल रहे हैं
रुकी जा रही है नये की रवानी
बुलाकर नये को शरण कौन देगा
जमे हैं दुआरे-दुआरे पुराने
नई रोशनी को मिले राह कैसे
नजर है नई तो नजारे पुराने

चले मंजिलों को मशालें लिये जो
अँधेरे-अँधेरे पहुँच तो गए वो

सवेरा हुआ तो नई रोशनी में
सभी भूल बैठे कुटी के दिये को
नई चाँदनी की दुहाई मचाई
मगर छा गए मेघ कारे पुराने
नई रोशनी को मिले राह कैसे
नजर है नई तो नजारे पुराने

सदा काम लेकर पुरानी नजर से
चले जा रहे हैं पुरानी डगर से
मगर यह न सोचें कि कब तक चलेगी
नई जिन्दगानी पुरानी उमर से
बताते भी क्योंकर नई राह हमको
पुराने नयन के इशारे पुराने
नई रोशनी को मिले राह कैसे
नजर है नई तो नजारे पुराने

वही सूत-चर्खा, वही वस्त्र खादी
करें बात अपनी, रटें रोज गांधी
यहाँ बैलगाड़ी कि छत भी न ज़िसकी
वहाँ भाइयों ने स्पुतनिक उड़ा दी
दिखाते रहे वे नये स्वप्न हमको
नये रूप कहकर सिंगारे पुराने
नई रोशनी को मिले राह कैसे
नजर है नई तो नजारे पुराने

हमें कौन समझे कि क्या माँगते हैं
मगर यह विनोबा दया माँगते हैं
इधर बाँटते हैं, उधर भीख लेकर

भले आदमी से हया माँगते हैं
चले दुख मिटाने नये वैद्यजी तो
नये दर्द कहकर उभारे पुराने
नई रोशनी को मिले राह कैसे
नजर है नई तो नजारे पुराने

खबर है कि बादल समर के घिरेंगे
कि गोले हमारे चमन पर गिरेंगे
उधर युद्ध पर हैं उतारू पड़ोसी
इधर भंग-गाँजा पकड़ते फिरेंगे
कहीं नींद में ही लुटा घर न बैठें
अहिंसा के प्यारे-दुलारे पुराने
नई रोशनी को मिले राह कैसे
नजर है नई तो नजारे पुराने

कि इतिहास जाने हमारी गुलामी
अहिंसा के कारण पधारी गुलामी
यही फैसला था हमारे करम का
अहिंसा के करते, सिधारी गुलामी
कि काँटे से काँटा भिड़ाकर नियति ने
वही पाप अबकी सुधारे पुराने
नई रोशनी को मिले राह कैसे
नजर है नई तो नजारे पुराने

समझ में न आता कि क्या है तराना
कि तन है पुराना कि मन है पुराना
कि अंग्रेजियत में रमे खुद जनम-भर
कहें और से गा शास्त्रीय गाना

जिन्हें कामना है नई जिन्दगी की
उन्हें दे रहे हैं सहारे पुराने
नई रोशनी को मिले राह कैसे
नजर है नई तो नजारे पुराने

कभी कटघरे से निकल कर तो देखो
कि दलदल से दल के, उछल कर तो देखो
मुहल्ले से बाहर, गली और भी है
जरा मस्तियों में, मचल कर तो देखो
कि छत पर टहलकर खुली धूप देखो
झरोखे हुए अब, तुम्हारे पुराने
नई रोशनी को मिले राह कैसे
नजर है नई तो नजारे पुराने

हुआ देश खातिर, जनम है हमारा
कि कवि हैं, तड़पना करम है हमारा
कि कमजोर पाकर मिटा दे न कोई
इसी से जगाना धरम है हमारा
कि मानें न मानें, हमें आप अपना
सितम से हैं नाते हमारे पुराने
नई रोशनी को मिले राह कैसे
नजर है नई तो नजारे पुराने

[जुलाई, 1957]

चाँदनी में झोंपड़ी

जब चन्द्र-किरण में महलों की दीवार चमकती रहती है
झोंपड़ियों से चाँदनी लिपट, भर रात सिसकती रहती है
जब चाँद चमकता है नभ में
पत्थर भी सुषमा पाता है
गोरे हो जाते हैं बादल
पानी दर्पण बन जाता है
सिर पर चाँदी का घड़ा लिए, हर लहर लचकती रहती है
झोंपड़ियों से चाँदनी लिपट, भर रात सिसकती रहती है
बादल में चाँद निकलता है
गलियों में हृदय उछलता है
मरघट के दिन फिर आते हैं
खँडहर भी वस्त्र बदलता है
हर काया फूल बनी फिरती, हर साँस महकती रहती है
झोंपड़ियों से चाँदनी लिपट, भर रात सिसकती रहती है
नगरों के मस्त गली-कूचे
सब के छज्जे ऊँचे-ऊँचे
फिर कौन बिना खिड़की आँगन
के मिट्टी के घर को पूछे

नृत्यालय, छविघर, घर-घर में सभ्यता चहकती रहती है
झोंपड़ियों से चाँदनी लिपट, भर रात सिसकती रहती है
शशि का कालिख मुँह का धब्बा
धरती का कालिख निर्धनता
संसार यहीं रुक जाता है
बस स्वर्ग सदा बनता - बनता
नित स्वर्ग-कल्पना के पथ में, हर कुटी खटकती रहती है
झोंपड़ियों से चाँदनी लिपट, भर रात सिसकती रहती है
चाँदनी लगी कहने, कैसे
मैं झोंपड़ियों को महल करूँ
जल-थल में चमकूँ पर कैसे
कुटियों के अन्दर दीप धरूँ
हँसने को हँसती हूँ मन में यह पीर कसकती रहती है
झोंपड़ियों से चाँदनी लिपट, भर रात सिसकती रहती है
यह भूल हुई उस शशिधर से
तम जिससे दूर किया न गया
बिन रजनी दिवस रचा न गया
बिन मारे जन्म दिया न गया
वह निर्मोही छुपता फिरता, सिर धरा पटकती रहती है
झोंपड़ियों से चाँदनी लिपट, भर रात सिसकती रहती है
इतना बल तो मानव में भी
पर उसे मनाना मुश्किल है
है आज धरा का स्वामी, पर
उसका दुश्मन उसका दिल है

हिचकी लेते रहते निर्धन, सम्पदा हिचकती रहती है
झोंपड़ियों से चाँदनी लिपट, भर रात सिसकती रहती है

जग में बहुमत है निर्धन का
पर उस पर जग का शासन है
वह अपना राजमुकुट माँगे
तो मर्यादा की उलझन है

फिर मर्यादा को तोड़ो तो, तलवार लटकती रहती है
झोंपड़ियों से चाँदनी लिपट, भर रात सिसकती रहती है

यदि दूर कुटी के घेरे से
आजादी की परिभाषा है
गणतंत्र कहो या एकतंत्र
यह सारा तंत्र तमाशा है

जो जनता शक्ति देश की है, वह राहें तकती रहती है
झोंपड़ियों से चाँदनी लिपट, भर रात सिसकती रहती है

जग देखे 'ताज' चाँदनी में
कुटियों का दीप नहीं देखे
जो झूठी शान्ति सदा देखे
वह क्रान्ति समीप नहीं देखे

अनदेखे ही, अनजाने ही, यह लपट लपकती रहती है
झोंपड़ियों से चाँदनी लिपट, भर रात सिसकती रहती है

[सितम्बर, 1958]

नेपाल का झरना

पर्वत का पतला-सा झरना हाथ झाड़ता चलता है
राह रोकने वालों को जड़ से उखाड़ता चलता है

तीरों-जैसा तना-तना है
मिट्टी में भी नीर छना है
सिंधु-ताल-नद के रहते भी
जीवन-बल का स्रोत बना है
कुंज-कली झकझोर हरी क्यारियाँ फाड़ता चलता है
राह रोकने वालों को जड़ से उखाड़ता चलता है

पत्थर से तो फूट निकलता
गिरि-गह्वर से छूट मचलता
सींच-सींच धरती की बगिया
जीवन का रस लूट उछलता
बच्चा है, पर चट्टानों को भी पछाड़ता चलता है
राह रोकने वालों को जड़ से उखाड़ता चलता है

प्यासों की यह प्यास बुझाता
बिन वर्षा चौमास रचाता
गाता जाता कलकल-छलछल
मोर नचाता शोर मचाता
चोटी से नीचे पटको तो यह दहाड़ता चलता है
राह रोकने वालों को जड़ से उखाड़ता चलता है

राज करे दीपक मकान में
चाँद-सितारे आसमान में
उसी तरह मासूम लाड़ला
यह सबका प्यारा जहान में
पर इसकी दुनिया लूटो तो घर उजाड़ता चलता है
राह रोकने वालों को जड़ से उखाड़ता चलता है

नागिन जैसा चाल-ढाल में
कहीं पहुँच जाता उछाल में
चंचलता में यह मृगछौना
घुस जाता है नदी-ताल में
वन-पर्वत-मैदान-डगर पर, ध्वजा गाड़ता चलता है
राह रोकने वालों को जड़ से उखाड़ता चलता है

['पराग' में प्रकाशित, मार्च, 1960]

चल रहा है आदमी

जल रही है जिन्दगी, देह की मशाल है
चल रहा है आदमी, साँझ लाल-लाल है
भोर को गुलाल है

यह वही गली जहाँ डोलियाँ लचक चलीं
ताज-तख्त छोड़कर टोलियाँ खिसक चलीं
डोलियाँ निहार कर अर्थियाँ सिसक चलीं
मौत है तो है, किसे बाद का खयाल है
चल रहा है आदमी, साँझ लाल-लाल है
भोर को गुलाल है

लोग देखते रहे, लाश देखती रही
देह राख बन गई, साँस देखती रही
रूप के स्वरूप को प्यास देखती रही
आँसुओं से तर यहाँ, प्यार का रूमाल है
चल रहा है आदमी, साँझ लाल-लाल है
भोर को गुलाल है

एक दीप बुझ गया, दूसरा खड़ा हुआ
दूसरे से तीसरा, आन पर चढ़ा हुआ
मंजिलों से पास है, हर कदम बढ़ा हुआ
बढ़ रहा हुजूम है, बादलों की चाल है
चल रहा है आदमी, साँझ लाल-लाल है
भोर को गुलाल है

जिन्दगी की दौड़ में, जो गिरे, गिरे रहे
मोड़ पर पड़ाव के, जो फिरे, फिरे रहे
या दरो-दिवार से, जो घिरे, घिरे रहे
कारवाँ चला गया, वक्त का सवाल है
चल रहा है आदमी, साँझ लाल-लाल है
भोर को गुलाल है

आदमी ने झूमके उम्र यों निकाल दी
मौत के मजार पर जिन्दगी उछाल दी
मर गया तो और के हाथ में मशाल दी
हम मरे कि तुम मरे, कुछ नहीं मलाल है
भोर को गुलाल है

साथ अंधकार के चल रहे चिराग हैं
मौत को गली-गली छल रहे चिराग हैं
आदमी की शक्ल में, जल रहे चिराग हैं
जल रहे चिराग हैं, जिन्दगी निहाल है
चल रहा है आदमी, साँझ लाल-लाल है
भोर को गुलाल है

वक्त है न है जगह, यह हिसाब के लिए
उठ रहा सवाल है बस जवाब के लिए
आदमी तड़प रहा, इन्कलाब के लिए
खून है इसीलिए, इसलिए उबाल है
चल रहा है आदमी, साँझ लाल-लाल है
भोर को गुलाल है

[अप्रैल, 1956]

गंगा की धार, जवानी

गंगा की धार जवानी, मत रोक डगर अज्ञानी
आकाश झुका, लेकिन न रुका, गंगा का बहता पानी

यह जग दीवानों का है
मौसम मस्तानों का है
फागुन जवान, सावन जवान
संसार जवानों का है
यौवन का नाम रवानी, मौजों में शाम सुहानी
आकाश झुका, लेकिन न रुका, गंगा का बहता पानी

तट पर बजवा शहनाई
यौवन - गंगा लहराई
कुछ रंग उड़ा, कुछ नशा चढ़ा
लहरों ने ली अँगड़ाई
हर लहर यहाँ दीवानी, चल पड़ी नई रजधानी
आकाश झुका, लेकिन न रुका, गंगा का बहता पानी

हम दीवानों की टोली
बादल-दल सी जब डोली
हमको न सका कोई भड़का
सौ बार, चला ली गोली
गोली पर छाती तानी, जालिम से हार ना मानी
आकाश झुका, लेकिन न रुका, गंगा का बहता पानी

मुखड़े पर दर्पन चमके
पलकों पर अर्पन चमके
मन में उमंग, तन में तरंग
नयनों में बचपन चमके
यह बचपन की नादानी, जाने ना आनाकानी
आकाश झुका, लेकिन न रुका, गंगा का बहता पानी

तहजीब यहाँ आवारा
तो जिम्मेदार किनारा
क्या पाप करे, क्या पुण्य करे
गंगा-यमुना की धारा
यों भूलों ना अभिमानी, तुम अपनी रामकहानी
आकाश झुका, लेकिन न रुका, गंगा का बहता पानी

क्या भक्तों का बुतखाना
क्या प्यासों का पैमाना
पीने वाले लड़खड़ा गए
बदनाम हुआ मयखाना

कोसो न तुम ज्ञानी, यह प्यासा बड़ी मस्तानी
आकाश झुका, लेकिन न रुका, गंगा का बहता पानी

हम मस्ती ढाला करते
संसार उजाला करते
तुम न्योछावर हो टोपी पर
हम ताज उछाला करते
ताजों का दाना - पानी, है अपनी मेहरबानी
आकाश झुका, लेकिन न रुका, गंगा का बहता पानी

तुम चाल-चलन जो देखो
पहले अपने को देखो
कालिख पोंछो, फिर औरों के
दर्पन पर पत्थर फेंको
हम-सा न मिलेगा दानी, पर हम न सहें मनमानी
आकाश झुका, लेकिन न रुका, गंगा का बहता पानी

तुम रीति-रसम के पंडे
जिन्दा हो पर हो ठंडे
मौजें लेके आजादी के-
हम फहराते हैं झंडे
हर चाल यहाँ मर्दानी, हर ठाट यहाँ तूफानी
आकाश झुका, लेकिन न रुका, गंगा का बहता पानी

हर घटा घिरा करती है
तकदीर फिरा करती है
जब ईंट घिसे, देखो कैसे-
दीवार गिरा करती है
जीवन की यही निशानी, मिटती है चीज पुरानी
आकाश झुका, लेकिन न रुका, गंगा का बहता पानी

लाचार हमें मत रक्खो
बेजार हमें मत रक्खो
आजाद वतन के हमीं रतन-
बेकार हमें मत रक्खो
हम भी तो हिन्दुस्तानी, फिर दुनिया क्यों बेगानी
आकाश झुका, लेकिन न रुका, गंगा का बहता पानी

[सितम्बर, 1960]

मुस्कान पुरानी कहाँ हुई

कहते-कहते उठ गए तुम्हीं, सम्पूर्ण कहानी कहाँ हुई
लोगों के आँसू कब सूखे, मुस्कान पुरानी कहाँ हुई

पहले की तरह वसन्त यहाँ, हर साल हँसाने आता है
जाने किसलिए तुम्हारा ही मन दिशा बदलता जाता है
तुम छोड़ गए अपनी गलियाँ, हमसे मनमानी कहाँ हुई
लोगों के आँसू कब सूखे, मुस्कान पुरानी कहाँ हुई।

माना, दुनिया में सदियों का यह हिन्दुस्तान पुराना है
इस पर हमको न झगड़ना है, तुमको भी जी न चुराना है
जो प्रीति पुरानों को भूले, वह हिन्दुस्तानी कहाँ हुई
लोगों के आँसू कब सूखे, मुस्कान पुरानी कहाँ हुई

हर शाम लखनऊ हँसता है, हर सुबह बनारस बसता है
कहते हैं हिन्द जिसे, उसको सारा संसार तरसता है
तुम नहीं जवान रहे, न सही, वीरान जवानी कहाँ हुई
लोगों के आँसू कब सूखे, मुस्कान पुरानी कहाँ हुई

यह गीतों का है देश जहाँ चरवाहा विरहा गाता है
सुख हो, दुख हो, सौन्दर्य यहाँ गीतों में गाया जाता है
कवि से पहले जब गीत मरा, तो अमर निशानी कहाँ हुई
लोगों के आँसू कब सूखे, मुस्कान पुरानी कहाँ हुई

यमुना का हाथ पकड़ गंगा तीरों से रोज निकलती है
झुरमुट-झुरमुट में गाँव बसे, चिड़ियों-सी नैया चलती है
ये अपने हैं, तुम अपने हो, फिर आनाकानी कहाँ हुई
लोगों के आँसू कब सूखे, मुस्कान पुरानी कहाँ हुई

बादल सन्देश लिए चलते, संगीत बरसता रिमझिम में
पूरब से चलती पुरवैया, रसधार छलकती पश्चिम में
हर देश घिरें घन, पर पावस ऋतुओं की रानी कहाँ हुई
लोगों के आँसू कब सूखे, मुस्कान पुरानी कहाँ हुई

सिर उठा, हिमालय हो जाये, ठोकर मारे, सागर छलके
उसके आँगन में कविता के फिर दीप बुझे कब जल-जल के
लिक्खे जाओ भारती अभी तो पानी-पानी कहाँ हुई
लोगों के आँसू कब सूखे, मुस्कान पुरानी कहाँ हुई

जनता के मन में सुख-दुख है, जो आशा और निराशा है
कविता के तत्त्व यही हैं जी, जग को तुमसे कुछ आशा है
रग-रग का रंग बिना छिड़के रंगीन रवानी कहाँ हुई
लोगों के आँसू कब सूखे, मुस्कान पुरानी कहाँ हुई

इतने पर भी जब दर्द न हो, मस्ती न मिले, जियरा न जले
कविता न कलम से फूट चले, तो बेहतर है अर्थी निकले
गूँगे ही मरने वालों पर जग को हैरानी कहाँ हुई
लोगों के आँसू कब सूखे, मुस्कान पुरानी कहाँ हुई

हर मानव जो पथ पर मिलता, इक दिल है उसके सीने में
उसका मरना है एक कथा, कविता है उसके जीने में
पर तुम्हें कहीं कविता न मिली, इतनी नादानी कहाँ हुई
लोगों के आँसू कब सूखे, मुस्कान पुरानी कहाँ हुई

[जुलाई, 1954]

परदेश जानेवाले से

छोड़ न जा बारी उमरिया का देश
ठेस लगे दिल को, न जा परदेश

चमके हिमालय, उत्तर में चम-चम
पश्चिम का बदरा, पूरब में झम-झम
गरजे गगन में, अँगना में छम-छम
भूल न जा कारी बदरिया का देश
ठेस लगे दिल को, न जा परदेश

किरनों के नीचे, यमुना का जल है
तारों के नीचे, राजमहल है
चन्दा के नीचे, ताजमहल है
याद रहे पंछी, अटरिया का देश
ठेस लगे दिल को, न जा परदेश

चन्दा छुपे तो, चमकें सितारे
तारे छुपें तो, दीपक दुआरे
दीपक बुझें तो, जुगनू उजारे
चोट करे चंचल बिजुरिया का देश
ठेस लगे दिल को, न जा परदेश

घूमो जी जा के, मथुरा से काशी
नगरी से नगरी, ले लो तलाशी
फिर भी ये अँखियाँ, प्यासी की प्यासी
पाँव पड़े लम्बी, डगरिया का देश
ठेस लगे दिल को, न जा परदेश

मिलती है जैसे, गंगा से यमुना
गलियों से गलियाँ, अँगना से अँगना
मिलते हैं वैसे, नयनों से नयना
राह रोके मीठी, नजरिया का देश
ठेस लगे दिल को, न जा परदेश

अपनों को दे के, दुख यों स्वदेश में
किसके बनोगे, जा के विदेश में
जीना तो देश में, मरना तो देश में
राह तके पनघट-गगरिया का देश
ठेस लगे दिल को, न जा परदेश

चलने दे राजा, दौलत की आँधी
काफी है अपनी, यह रोटी आधी
फसलें हैं सोना, धरती है चाँदी
और कहाँ पाओ चुनरिया का देश
ठेस लगे दिल को, न जा परदेश

[अगस्त, 1957]

पंछी बोले, पिंजड़ा खोलो

माली बोला, तुम जो चाहो, एक बात सब मिलकर बोलो
पंछी बोले, पिंजड़ा खोलो, मधुवन का दरवाजा खोलो

मिली सड़क से जा पगडंडी
हवा चली पश्चिम की ठंडी
चाँदनियाँ चाँदी पर नाचीं
हँसी-बसी दुनिया की मंडी
फुटपाथों से अँखियाँ बोलीं, ओ खिड़कीवासी, सुन तो लो
जब तक सावन-भर घन बरसे, आँगन का दरवाजा खोलो
पंछी बोले, पिंजड़ा खोलो, मधुवन का दरवाजा खोलो

दुनिया को गलियों ने घेरा
दीवारों से घिरा बसेरा
घेरे में घिरकर जग बोले
उतना तेरा, इतना मेरा
दीवारों से दबकर मरती मानवता बोली, सुन तो लो
घेरा रहे न घेरेवाले, यदि मन का दरवाजा खोलो
पंछी बोले, पिंजड़ा खोलो, मधुवन का दरवाजा खोलो

सूरज के घर-घर उजियाला
नभ में सबकी दीपक-माला
पर क्यों निर्धन का निर्धन है
अन्न जगत को देनेवाला
कटे खेत चिल्लायें, फसलें ले जाने वालो, सुन तो लो
धरती का धन घर-घर बाँटो, कंचन का दरवाजा खोलो

नभमंडल में जितने तारे
धरती पर हैं उतने प्यारे
तारे सदा सुखी हैं, फिर क्यों
मानव को मानव दुतकारे
धरा-गगन के मिलन क्षितिज पर, रवि हँसकर बोला, सुन तो लो
गलियाँ बहुत, एक-सी कलियाँ, लोचन का दरवाजा खोलो

किन्तु समय पर लोग न माने
लगे उमर को अमर बताने
इतने में आ गया सबेरा
चलीं हवायें दिये बुझाने
उड़ने से पहले साँसों का, पंछी बोला, जी सुन तो लो
देर हुई, मुझको जाने दो, अब तन का दरवाजा खोलो
पंछी बोले, पिंजड़ा खोलो, मधुवन का दरवाजा खोलो

[जुलाई, 1950]

भारतमाता की पुकार

सुनहरी सुबह की लालियो
रँगभरी शाम की लालियो
तुम अमर उदय की लाली से, मेरा अँगना रँग डालियो

लाखों लालों की बलि देकर, यह हिन्द अभी स्वाधीन हुआ
सदियों के बाद हिमालय का, आलोक-शिखर रंगीन हुआ
ओ घर-घर की दीवालियो
ओ चन्द्र-किरन की जालियो
तुम अमर उदय की लाली से, मेरा अँगना रँग डालियो

ओ चाँद-सितारो, कसम तुम्हें, फिर भारत कभी गुलाम न हो
इतिहास बदलता रहे मगर, यह देश कभी बदनाम न हो
हर रात मस्तियाँ ढालियो
मत नेह हमारा टालियो
तुम अमर उदय की लाली से, मेरा अँगना रँग डालियो

यह भगत सिंह की धरती है, गद्दार यहाँ कोई न रहे
गोविन्द-प्रताप-शिवाजी की, तलवार कभी सोई न रहे
ओ गर्वीले पंजाबियो
ओ शर्मीले बंगालियो
तुम अमर उदय की लाली से, मेरा अँगना रँग डालियो

घुस आएँ चोर-लुटेरे तो, लड़ मरने को हर लाल उठे
गुजरात उठे, गढ़वाल उठे, पंजाब उठे, बंगाल उठे
ओ फुर्तीले नेपालियो
मरहठो, वीर गढ़वालियो
तुम अमर उदय की लाली से, मेरा अँगना रँग डालियो

जब जन्म लिया भारत में तो, फिर भारतवासी एक रहें
संग-संग जीना-मरना है तो, फिर काबा-काशी एक रहें
ओ नई फसल की बालियो
घर-द्वार देखियो-भालियो
तुम अमर उदय की लाली से, मेरा अँगना रँग डालियो

धनवान बनो तुम सब के सब, या धर लो भेष फकीरी का
पर भेद मिटा दो भारत से, कंगाली और अमीरी का
ओ खेतों की हरियालियो
ओ फल-फूलों की डालियो
तुम अमर उदय की लाली से, मेरा अँगना रँग डालियो

जब तक दुनिया है, भारत पर भारतवासी का राज रहे
जनता बैठे सिंहासन पर, युवकों के सर पर ताज रहे
ओ वतन-चमन के मालियो
व्रत जनम-जनम यह पालियो
तुम अमर उदय की लाली से, मेरा अँगना रँग डालियो

[जनवरी, 1962]

नई उमरिया प्यासी है

घनश्याम कहाँ जाकर बरसे, हर घाट गगरिया प्यासी है
उस ओर ग्राम इस ओर नगर, चहुँ ओर नजरिया प्यासी है

रसभरी तुम्हारी वे बुँदियाँ, कुछ यहाँ गिरीं, कुछ वहाँ गिरीं
दिल खोल नहाये महल-महल, कुटिया क्या जाने, कहाँ गिरीं
इस मस्त झड़ी में घासों की, कमजोर अटरिया प्यासी है
घनश्याम कहाँ जाकर बरसे, हर घाट गगरिया प्यासी है

जंजीर कभी तड़का-तड़का, तकदीर जगाई थी हमने
इस बार बदलते मौसम पर, उम्मीद लगाई थी हमने
जंजीर कटी, तकदीर खुली, पर अभी नगरिया प्यासी है
घनश्याम कहाँ जाकर बरसे, हर घाट गगरिया प्यासी है

धरती प्यासी परती प्यासी, प्यासी है आस-लगी खेती
जब ताल-तलैया भी सूखी, क्या पाये प्यास-लगी रेती
बागों की चर्चा कौन करे, जब यहाँ डगरिया प्यासी है
घनश्याम कहाँ जाकर बरसे, हर घाट गगरिया प्यासी है

मुस्लिम के होंठ कहीं प्यासे, हिन्दू का कंठ कहीं प्यासा
मन्दिर-मस्जिद-गुरुद्वारा में, बतला दो कौन नहीं प्यासा
चल रही चुराई हुई हँसी, पर सकल बजरिया प्यासी है
घनश्याम कहाँ जाकर बरसे, हर घाट गगरिया प्यासी है

बोलो तो श्याम घटाओं ने अबकी कैसा चौमास रचा
पानी कहने को थोड़ा-सा गंगा-यमुना के पास बचा
इस पार तरसती है गैया, उस पार गुजरिया प्यासी है
घनश्याम कहाँ जाकर बरसे, हर घाट गगरिया प्यासी है

जो अभी पधारे हैं उनका, सुनहरा सबेरा प्यासा है
जो कल जानेवाले उनका भी रैन-बसेरा प्यासा है
है भरी जवानी जिन-जिन की, उनकी दुपहरिया प्यासी है
घनश्याम कहाँ जाकर बरसे, हर घाट गगरिया प्यासी है

कहने को बादल बरस रहे, सदियों के प्यासे तरस रहे
ऐसे बेदर्द जमाने में, क्या मधुर रहे, क्या सरस रहे
कैसे दिन ये, पानी में भी, हर एक मछरिया प्यासी है
घनश्याम कहाँ जाकर बरसे, हर घाट गगरिया प्यासी है

यह पीर समझने को तुम भी, घनश्याम कभी प्यासे तरसो
या तो ना बरसो, बरसो तो, चालीस करोड़ों पर बरसो
क्या मौसम है, जल छलक रहा, पर नई उमरिया प्यासी है
घनश्याम कहाँ जाकर बरसे, हर घाट गगरिया प्यासी है

[जनवरी, 1961]

हिन्दुस्तान की ललकार

आवाज आती है यही पंजाब से, बंगाल से
ओ चीनियो, जाओ निकल लद्दाख से, नेपाल से

हम तो तुम्हें समझा रहे
झगड़े तुम्हीं उलझा रहे
हमने तुम्हें भाई कहा
तुम फौज लेकर आ रहे
पीछे हटो! पीछे हटो! आसाम से, गढ़वाल से
ओ चीनियो, जाओ निकल लद्दाख से, नेपाल से

तुमको नहीं पहचान है
यह क्रान्ति क्या तूफान है
फौलाद की दीवाल अब
आजाद हिन्दुस्तान है
टकरा न जाए सर कहीं, फौलाद की दीवाल से
ओ चीनियो, जाओ निकल लद्दाख से, नेपाल से

तुम हो कहीं हम हैं कहीं
फिर भी निगाहें लड़ रहीं
देखो अहिंसा हिन्द की
हिंसा न बन जाए कहीं
थर्रा न जाए एशिया, संग्राम से, भूचाल से
ओ चीनियो, जाओ निकल लद्दाख से, नेपाल से

तुमको मना लेंगे हमीं
बिगड़ी बना लेंगे हमीं
हमने दिया है बुद्ध तो
फिर युद्ध भी देंगे हमीं
ललकार बढ़ती आ रही, उज्जैन से, भोपाल से
ओ चीनियो, जाओ निकल लद्दाख से, नेपाल से

बीसों यहाँ की बोलियाँ
पर एक सारी टोलियाँ
तुमको न हो विश्वास तो
देखो चलाकर गोलियाँ
मिल जायगा उत्तर तुम्हें, कश्मीर से, इम्फाल से
ओ चीनियो, जाओ निकल लद्दाख से, नेपाल से

समझो न हम कमजोर हैं
हम तो तुम्हारी ओर हैं
वर्ना सुरक्षा के लिए
हम आप सीनाजोर हैं

धरती हमारी लूटकर, खेलो न अपने काल से
ओ चीनियो, जाओ निकल लद्दाख से, नेपाल से

जब से हुई दुनिया शुरू
चन्दा बना, तारे बने
नदियाँ, हिमालय, सिन्धु
हिन्दुस्तान के द्वारे बने
तब से हिमालय है खड़ा, सटकर हमारी ढाल से
ओ चीनियो, जाओ निकल लद्दाख से, नेपाल से

लेकर हमारी क्यारियाँ
छोड़ो न यों किलकारियाँ
हम हो रहे अंगार हैं
छितरा रहीं चिनगारियाँ
मानो न सच तो, पूछ लो कोचीन से, कर्णाल से
ओ चीनियो, जाओ निकल लद्दाख से, नेपाल से

कहते तुम्हें हम प्यार से
किसका भला तलवार से
इनसानियत के नाम पर
अब लौट जाओ द्वार से
आँसू बहा लो भूल पर, फिर पोंछ लो रूमाल से
ओ चीनियो, जाओ निकल लद्दाख से, नेपाल से

मतलब यही मजमून का
फैले न मजहब खून का
खौले गरम होकर कहीं
पानी न देहरादून का
बन्दूक शिमले से चले, तलवार नैनीताल से
ओ चीनियो, जाओ निकल लद्दाख से, नेपाल से

सुन लो विदेशी भाइयो
अब से इधर मत आइयो
खुद भस्म होने के लिए
लपटें न लेकर जाइयो
सस्ती तुम्हारी जान तो, उलझो जवाहरलाल से
ओ चीनियो, जाओ निकल लद्दाख से, नेपाल से

[नवम्बर, 1961]

यहाँ शहीद समय का ज्ञानी

कहने को सम्राट बड़ा है, और सुखी धनवान है
सबसे बड़ा वही है जग में, जो होता बलिदान है

पाकर जनम यहाँ जो रहता, दो दिन तिनके जोड़कर
आज नहीं तो कल चल देगा, दुनिया से मुख मोड़कर
भेंट चढ़ा दे जो तन-मन की, सच्चा उसका ज्ञान है
सबसे बड़ा वही है जग में, जो होता बलिदान है

इस जग में हर चंचल मानव, अपना ही घर भरता है
जीता है अपनों की खातिर, अपनों पर ही मरता है
जो औरों के लिए उजड़ता, जग में उसका मान है
सबसे बड़ा वही है जग में, जो होता बलिदान है

श्रद्धा है वरदान भक्ति का, सुन्दर त्याग तपस्या है
अपनी धुन पर मर-मिट जाना, सबसे कठिन समस्या है
यही समस्या जो हल कर ले, उसका ही जय-गान है
सबसे बड़ा वही है जग में, जो होता बलिदान है

मरने की धुन वह मस्ती है, जो ताजों को ठोकर दे
घनी-अँधेरी रातों को भी, जो झिलमिल पूनम कर दे
नस-नस में है आग लगी, तो होंठों पर मुस्कान है
सबसे बड़ा वही है जग में, जो होता बलिदान है

जिनको सुख प्यारा है जग में वे करते हैं प्रार्थना
जो चाहें ऐश्वर्य, करें वे, मन्दिर-मन्दिर अर्चना
किन्तु शहीदों को मरना ही, धर्म-भजन है, ध्यान है
सबसे बड़ा वही है जग में, जो होता बलिदान है

जो जाहे, मैं बनूँ पुजारी, वह पूजे भगवान् को
जो चाहे कि बनूँ संन्यासी, छोड़े सकल जहान को
जो चाहे, शंकर बन जाऊँ, वह करता विष-पान है
सबसे बड़ा वही है जग में, जो होता बलिदान है

एक हुए ईसा मसीह जो, हँसते-हँसते मर गए
अपना जीवन-दीप बुझाकर, विश्व उजाला कर गए
उनका प्यार बना मजहब, अब तक उड़ रहा निशान है
सबसे बड़ा वही है जग में, जो होता बलिदान है

दिया भरा प्याला विष का तो, पगली मीरा पी गई
मर-मिट गए पिलाने वाले, वह मरकर भी जी गई
आज उसी के रंग से होती, भक्तों की पहचान है
सबसे बड़ा वही है जग में, जो होता बलिदान है

भक्त रिझाते रहे राम को, लेकर धन की झोलियाँ
गांधी हुए राम को प्यारे, खा सीने पर गोलियाँ
उनके यश की अमर पताका, जग में हिन्दुस्तान है
सबसे बड़ा वही है जग में, जो होता बलिदान है

पुण्य सताया जाय जगत में, पाप सताता जायेगा
पर बलिदान सदा दुनिया को, राह बताता जायेगा
यहाँ शहीद समय का ज्ञानी, पानी जग नादान है
सबसे बड़ा वही है जग में, जो होता बलिदान है

[अक्टूबर, 1962]

भारत अखंड, भारत विशाल

उत्तर में है :

धवल हिमांचल
निर्झर चंचल
गंगा का जल
यमुना का जल
गौरी शंकर
खड़ा धरा पर
अपने सिर पर
विश्व-मुकुट धर
है चँवर डुलाती मेघ-माल
भारत अखंड, भारत विशाल

दक्षिण में है :

भारत - पद - तल
नील जलोत्पल
लंका का जल
लंका का स्थल
शुद्ध चरण-जल

हरता कलिमल
निशिदिन पल-पल
संसार झुकाता जिसे भाल
भारत अखंड, भारत विशाल

पूर्व दिशा में :

ब्रह्मा प्रान्तर
कानन सुन्दर
प्रातः उठकर
हँसे दिवाकर
मित्र बन्धुवर
खड़ा द्वार पर
उससे मिलकर
भुज-बन्धन भर
युग-युग से जग में है निहाल
भारत अखंड, भारत विशाल

पश्चिम में है :

सिन्ध सुमंगल
स्निग्ध सिन्धु-जल
करता छल-छल
भरता कल-कल
जहाँ दिवाकर
आता थककर

जाता पीकर
जल अंजलि-भर
हो उठता आनन लाल-लाल
भारत अखंड, भारत विशाल

भीतर आँगन :

भरा फूल से
स्वर्ण-धूल से
नदी - कूल से
वन-दुकूल से
जहाँ राम थे
मधुर श्याम थे
पूर्ण काम थे
शक्ति-धाम थे
डरता था जिनसे महाकाल
भारत अखंड, भारत विशाल

ऊपर नभ में :

नील गगन-तल
उड़ते बादल
रवि-शशि उज्ज्वल
हैं तारक-दल
नीली चादर
फहरे उड़कर

गिरि-वन-तरु पर
सूखे मरु पर
फैला दिशि-दिशि सौन्दर्य-जाल
भारत अखंड, भारत विशाल

भारतवासी :

जहाँ कोटि जन
जिनका जीवन
जिनका यौवन
जिनका तन-मन
सब न्योछावर
स्वतंत्रता पर
बैठे घर पर
दिये जलाकर
वन्दन करते हैं वृद्ध-बाल
भारत अखंड, भारत विशाल

पुण्यभूमि यह :

मातृभूमि है
पितृभूमि है
समर-भूमि है
अमर भूमि है
जिसका कण-कण
जिसका क्षण-क्षण

जिसका जन-गण
जग को अर्पण
दृढ़व्रती सदा से नौनिहाल
भारत अखंड, भारत विशाल

[दिसम्बर, 1942 में प्रकाशित कविता-संग्रह
'पंचमी' से इस संग्रह में संकलित]

धरती और धुआँ

मन का पंछी लेता उड़ान
मैं करता जाता धूम्रपान
चिन्तन के साथ धुआँ बनकर
उड़ जाता है सब ज्ञान-ध्यान

मनुष्यता :

ग्रन्थों में पाया सार और
अखबारों में विस्तार और
सिद्धान्त और व्यवहार और
यह घर-घर का संसार और
बातें होती हैं अम्बर की
रातें कटती हैं धरती पर
जो भी मिलता है शरमाकर
वह चल देता है भरमाकर
सौ साल नहीं जीता कोई
करता हजार का है गुमान
मन का पंछी लेता उड़ान
मैं करता जाता धूम्रपान

इतिहास :

इतिहास पढ़ा तो गई शान्ति
कुछ और हुई उद्‌भ्रान्ति-क्रान्ति
संघर्ष मचे या मिटे क्रान्ति
है शान्ति क्षणिक, शाश्वत अशान्ति
राजा आता राजा जाता
दरबार बदलता रहता है
उनके सिर से इनके सिर पर
मणि-मुकुट उछलता रहता है
बल से शासन छीना जाता
फिर बैठ बनाते हैं विधान
मन का पंछी लेता उड़ान
मैं करता जाता धूम्रपान

विज्ञान :

रवि-चन्द्र प्रकृति ने चमकाये
जिनकी किरणों से छवि छाये
हर सुबह बाल रवि मुस्काये
तो बंद कमल खुल-खुल जाये
मानव ने भी बिजली के दीप
जलाकर झिलमिल कर डाला
लेकिन छूते ही मर जाता
इन तारों को छूनेवाला
इस नील गगन की घाटी में
टकराकर टूटा हर विमान

मन का पंछी लेता उड़ान
मैं करता जाता धूम्रपान

कविता :

कविता के लिए गए जो मर
वे कवि कहते हैं चिल्लाकर
"कविता का युग तो चला गुजर
आया प्रयोग का शुभ अवसर"
यह 'खुद डूबा तो जग डूबा'
वाला हिसाब है लोगों का
कविता का इसमें दोष नहीं
यह लच्छन मन के रोगों का
मुस्कान देश की चिर-नवीन
है अश्रु राष्ट्र का अमर गान
मन का पंछी लेता उड़ान
मैं करता जाता धूम्रपान

प्रजातंत्र :

जब भीड़ चले, शासन डोले
जनता बोले, ईश्वर बोले
जो जनता के आगे हो ले
वह नित सोना-चाँदी तोले
निर्धन को प्यारा प्रजातंत्र
पैसेवाले को राजतंत्र

सब तंत्रों की मिश्रित तंत्री
बस एक स्वार्थ का मूल मंत्र
संख्या जीती, गुण हार गए
बहुमत पानेवाला महान
मन का पंछी लेता उड़ान
मैं करता जाता धूम्रपान

देवालय :

मन्दिर-मन्दिर पूजन जिसका
मस्जिद-मस्जिद सुमिरन जिसका
गिरजा-गिरजा वन्दन जिसका
लगता न पता जग में उसका
मन्दिर में फूल चढ़ा करते
दीपक भी जलते रहते हैं
उठते-गिरते हैं देवालय
पर रुपये चलते रहते हैं
रुपयों से ही जाना जाता
हर एक व्यक्ति का तापमान
मन का पंछी लेता उड़ान
मैं करता जाता धूम्रपान

अहिंसा :

तलवार फेंक, लौटा अशोक
पर रण न अहिंसा सकी रोक

जब लोग खून से उठे चौंक
तो पराधीन ही हुआ लोक
जो गीता पढ़े, डरे मरने से
उस पर हो जाए हमला
तो कैसे बचा सकेगा वह
अपने घर की विमला-कमला
हम दस्यु बुलाते रहे युगों से
घास-पात का धर्म मान
मन का पंछी लेता उड़ान
मैं करता जाता धूम्रपान

संसार :

अन्दर - अन्दर जलता तन है
सिग्रेट-सरीखा जीवन है
सिग्रेट बुझी मन और जला
जीने-मरने का दौर चला
दौलत महलों से हँसती है
निर्धनता खड़ी तरसती है
धन पर हँसती रहती सत्ता
पर मौत अन्त में हँसती है
बुझते रहते दीपक-तारे
जलते रहते केवल मशान
मन का पंछी लेता उड़ान
मैं करता जाता धूम्रपान

[जुलाई, 1956]

चलो भाई बोम डिला

चलो भाई बोम डिला, चलो भाई बोम डिला
चाऊ को बोम खिला, माओ को बोम पिला
चीनी को लाम लिया, बमों के आम खिला
बैरी को धाम दिला, मुर्दे का नाम दिला
चलो भाई बोम डिला, चलो भाई बोम डिला
कहने को आदमी हैं, दिल इनके टीन के हैं
ये कुत्ते खानेवाले, लुटेरे चीन के हैं
सीधे को लूटते हैं, सच्चे की छीनते हैं
मुर्गी को दाने डालो, ये आके बीनते हैं
पराये माल के ये, पुराने लालची हैं
कहलाते साम्यवादी, मगर अफीमची हैं
संडे को हैं पड़ोसी, मंडे को तोपची हैं
ये खुदी तेलची हैं, खुदी मशालची हैं
मिटा दे नाम इनका, गोली का जाम पिला
लुटेरे पाजियों को, सके ना कोई जिला
चलो भाई बोम डिला, चलो भाई बोम डिला

दुश्मन की फौज रौंदे, कतारें तोड़ डालो
जहाँ भी सर उठाये, वहीं मरोड़ डालो

जवाहर को गाली दें, तो मुखड़ा मोड़ डालो
चंगेजी खोपड़ी पर, सितारे फोड़ डालो
बदले संगीन के हम, इनको संगीन देंगे
कफ़न भी चीनियों का, बना रंगीन देंगे
जो आए हिन्द लेने, उसी से चीन लेंगे
ये नेफा क्या लूटेंगे, हम तिब्बत छीन लेंगे
जमाने से हिमालय, हमारा लाल किला
मरना है तो फिर आजा, जीना है तो दुम हिला
चलो भाई बोम डिला, चलो भाई बोम डिला

चली जा, लौट जा तू, माओ की चीनी बिल्ली
झनकारे झूठ कब तक, चाऊ की झीनी झिल्ली
उड़वाई खुद ही तुमने, दुनिया में अपनी खिल्ली
अब तो तू खेल जाके, खाला के घर में गिल्ली
खाये जा रोज पिल्ले, चबा ले रोज पिल्ली

पलट जा शेखचिल्ली, लौटा ले घोड़ी लिल्ली
जागी है चोट खाके, मर्दानी आज दिल्ली
हिला ले जिन्दगी-भर, हिलेगी नहीं किल्ली
लड़ ले तू खुल्लमखुल्ला, या जंग गोरिल्ला
हमारी जीत होगी, तू घर में लाख चिल्ला
चलो भाई बोम डिला, चलो भाई बोल डिला

[जनवरी, 1962]